Gestão de pessoas

Central de Qualidade — FGV Management
ouvidoria@fgv.br

PUBLICAÇÕES FGV Management

SÉRIE GESTÃO EMPRESARIAL

Gestão de pessoas

Ivanildo Izaias de Macêdo
Denize Ferreira Rodrigues
Maria Elizabeth Pupe Johann
Neisa Maria Martins da Cunha

FGV management
FGV EDITORA

Direitos desta edição reservados à
EDITORA FGV
Rua Jornalista Orlando Dantas, 37
22231-010 — Rio de Janeiro, RJ — Brasil
Tels.: 0800-021-7777 — (21) 3799-4427
Fax: (21) 3799-4430
editora@fgv.br — pedidoseditora@fgv.br
www.fgv.br/editora

Impresso no Brasil / *Printed in Brazil*

1ª edição — 2012; 1ª, 2ª e 3ª reimpressões — 2013; 4ª reimpressão — 2014.

Revisão de originais: Sandra Frank

Editoração eletrônica: FA Editoração

Revisão: Elisa Rosa e Cecília Moreira

Capa: aspecto:design

Ilustração de capa: André Bethlem

Macêdo, Ivanildo Izaias de
Gestão de pessoas / Ivanildo Izaias de Macêdo...[et al.]. – Rio de Janeiro: Editora FGV, 2012.
184 p. – (Gestão empresarial (FGV Management))

Em colaboração com: Denize Ferreira Rodrigues, Maria Elizabeth Pupe Johann, Neisa Maria Martins da Cunha.
Publicações FGV Management.
Inclui bibliografia.
ISBN: 978-85-225-0974-4

1. Administração de pessoal. 2. Comunicação empresarial. 3. Motivação no trabalho. 4. Liderança. 5. Grupos de trabalho. I. Rodrigues, Denize Ferreira. II. Johann, Maria Elizabeth Pupe. III. Cunha, Neisa Maria Martins da. IV. FGV Management. V. Fundação Getulio Vargas. VI. Título. VII. Série.

CDD – 658.3

Aos nossos alunos e aos nossos colegas docentes, que nos levam a pensar e repensar nossas práticas.

Sumário

Apresentação

Este livro compõe as Publicações FGV Management, programa de educação continuada da Fundação Getulio Vargas (FGV).

Instituição de direito privado com mais de meio século de existência, a FGV vem gerando conhecimento por meio da pesquisa, transmitindo informações e formando habilidades por meio da educação, prestando assistência técnica às organizações e contribuindo para um Brasil sustentável e competitivo no cenário internacional.

A estrutura acadêmica da FGV é composta por oito escolas e institutos: a Escola Brasileira de Administração Pública e de Empresas (Ebape), dirigida pelo professor Flavio Carvalho de Vasconcelos; a Escola de Administração de Empresas de São Paulo (Eaesp), dirigida pela professora Maria Tereza Leme Fleury; a Escola de Pós-Graduação em Economia (EPGE), dirigida pelo professor Rubens Penha Cysne; o Centro de Pesquisa e Documentação de História Contemporânea do Brasil (Cpdoc), dirigido pelo professor Celso Castro; a Escola de Direito de São Paulo (Direito GV), dirigida pelo professor Oscar Vilhena

Vieira; a Escola de Direito do Rio de Janeiro (Direito Rio), dirigida pelo professor Joaquim Falcão; a Escola de Economia de São Paulo (Eesp), dirigida pelo professor Yoshiaki Nakano; o Instituto Brasileiro de Economia (Ibre), dirigido pelo professor Luiz Guilherme Schymura de Oliveira; e a Escola de Matemática Aplicada (EMAp), dirigida pela professora Maria Izabel Tavares Gramacho. São diversas unidades com a marca FGV, trabalhando com a mesma filosofia: gerar e disseminar o conhecimento pelo país.

Dentro de suas áreas específicas de conhecimento, cada escola é responsável pela criação e elaboração dos cursos oferecidos pelo Instituto de Desenvolvimento Educacional (IDE), criado em 2003 com o objetivo de coordenar e gerenciar uma rede de distribuição única para os produtos e serviços educacionais da FGV, por meio de suas escolas. Dirigido pelo professor Clovis de Faro e contando com a direção acadêmica do professor Carlos Osmar Bertero, o IDE engloba o programa FGV Management e sua rede conveniada, distribuída em todo o país (ver www.fgv.br/fgvmanagement), o programa de ensino a distância FGV Online (ver www.fgv.br/fgvonline), a Central de Qualidade e Inteligência de Negócios e o Programa de Cursos Corporativos In Company. Por meio de seus programas, o IDE desenvolve soluções em educação presencial e a distância e em treinamento corporativo customizado, prestando apoio efetivo à rede FGV, de acordo com os padrões de excelência da instituição.

Este livro representa mais um esforço da FGV em socializar seu aprendizado e suas conquistas. Ele é escrito por professores do FGV Management, profissionais de reconhecida competência acadêmica e prática, o que torna possível atender às demandas do mercado, tendo como suporte sólida fundamentação teórica.

A FGV espera, com mais essa iniciativa, oferecer a estudantes, gestores, técnicos – a todos, enfim, que têm internalizado o conceito de educação continuada, tão relevante nesta era do conhecimento – insumos que, agregados às suas práticas, possam contribuir para sua especialização, atualização e aperfeiçoamento.

Clovis de Faro
Diretor do Instituto de Desenvolvimento Educacional

Ricardo Spinelli de Carvalho
Diretor Executivo do FGV Management

Sylvia Constant Vergara
Coordenadora das Publicações FGV Management

Introdução

O objetivo deste livro é apresentar aspectos teóricos e práticos sobre temas essenciais da gestão de pessoas. Com isso pretendemos que você, leitor, obtenha referenciais para olhar criticamente suas atuais práticas e assim identificar o que pode ser melhorado no gerenciamento de pessoas e equipes de sua organização.

O primeiro capítulo apresenta a comunicação como insumo fundamental para iniciar e manter esforços individuais e coletivos a fim de atingir objetivos organizacionais estratégicos. A palavra escrita e falada é a principal ferramenta da liderança para estimular liderados a tornarem concreta a visão construída com a participação da coletividade.

No segundo capítulo, a motivação para o trabalho é apresentada por meio das perspectivas individual e organizacional. Teorias são vistas com olhar crítico e práticas gerenciais são apontadas como eficazes para promover a motivação de pessoas e equipes. A busca da promoção da motivação merece especial atenção, também considerando importantes mecanismos praticados pelo mercado para estimular comportamentos condicionados por recompensas extrínsecas.

O terceiro capítulo examina o fenômeno da liderança nas organizações. As fontes de poder usadas pelo líder, as abordagens e competências de lideranças lançam luzes sobre as relações entre líderes e liderados no contexto do trabalho em equipe. De outra parte, a necessidade de vencer o jogo da sobrevivência no mercado globalizado determina mudanças profundas no modo de exercer o poder nas organizações, assim exigindo uma liderança que procure suprir as necessidades de pessoas e equipes para o desempenho de tarefas. O papel do líder educador ganhou relevância porque é estratégico na gestão de talentos.

No quarto capítulo, a estratégica forma de elaborar produtos e prestar serviços por meio de grupos e equipes é analisada. Inicialmente apresentamos as características de grupos e como eles se diferenciam de equipes para, em seguida, mostrar o ciclo de vida da equipe e as armadilhas psicológicas dos grupos. Dessa forma esperamos ajudar você, caro leitor, a compreender como atuam as pessoas em conjunto e o que deve ser feito para melhorar a produtividade de equipes.

Por fim, apresentamos as conclusões estruturadas e limitadas pelas reflexões realizadas ao longo dos capítulos.

1 Comunicação

Como mencionado na introdução deste livro, a comunicação é insumo fundamental para a gestão de pessoas. Ela orienta e delimita ações entre pessoas, une equipes em torno de uma visão, permite aprimorar o desempenho de empregados pela prática do feedback, promove mudanças coletivas e presta outras contribuições estratégicas. No presente capítulo, analisamos o processo de comunicação, as barreiras, os canais, a linguagem corporal e a assertividade. Finalizamos dando atenção à comunicação eletrônica e à sua coletivização e instantaneidade.

Comunicação interpessoal

Com o foco já direcionado para o ambiente de trabalho, segundo Macêdo e colaboradores (2009), quando duas ou mais pessoas interagem numa relação que envolve informações e significados (e estes são praticamente impossíveis de descrever via e-mail), a comunicação que se estabelece entre elas visa atingir um ou mais entre os objetivos seguintes:

- informar, esclarecer e tirar dúvidas sobre determinado assunto;
- gerenciar pessoas e avaliar desempenhos e situações;
- ensinar algo e mostrar apoio e compreensão;
- influenciar e provocar a motivação das pessoas;
- persuadir, convencer e negociar melhores condições.

Ora, se fizermos uma comparação desses objetivos com a longa lista de competências e habilidades exigidas de alguém que ocupe um cargo de gestor, gerente ou diretor em uma empresa, veremos que a comunicação estará presente sempre que se falar em capacidade de liderar, compartilhar visão, negociar, saber ouvir, dar feedback, estimular pessoas, propor mudanças e inovações, defender propostas, compartilhar conhecimentos, cobrar resultados, alinhar esforços, escrever instruções e relatórios com objetividade e conteúdo, entre tantas outras.

Resumindo, se alguém pretende investir numa promissora carreira profissional, é preciso dominar algumas regras, dinâmicas e processos sobre como estabelecer e manter um sistema de comunicações, principal função de um executivo, nas palavras de Chester Barnard (1979).

Processo de comunicação interpessoal

Segundo diversos autores, entre eles Carvalho e Serafim (2004), um gestor investe cerca de 80% do seu tempo em processos que envolvem diretamente a comunicação, seja conversando, telefonando, respondendo e-mails, ouvindo alguém ou buscando informar-se sobre algo. Essa diversidade de situações aponta para um processo de comunicação interpessoal e também para a comunicação virtual, que assumiu crescente importância graças à disponibilidade dos recursos da tecnologia da informação, que veremos mais adiante.

Etimologicamente, a palavra comunicação deriva do latim *communis*, cujo significado é comum, compartilhado, ou seja, passar uma informação para alguém só será considerado comunicação quando conseguirmos que a outra pessoa tenha igual percepção sobre aquilo que pretendemos informar. Nesse sentido, Barker (2007) afirma que comunicação é o processo de compartilhar uma compreensão, ou seja, criar um significado com as informações e depois transmitir esse significado com elas. Se, por algum motivo, a pessoa não conseguiu entender o que queríamos dizer, então nossas tentativas de comunicação simplesmente fracassam.

Na figura 1, aparecem os sete elementos essenciais que fazem parte de um processo de "comunicação interpessoal", como se convencionou chamar a transferência de informações, ideias e significados entre duas ou mais pessoas.

Figura 1

Principais elementos do processo de comunicação

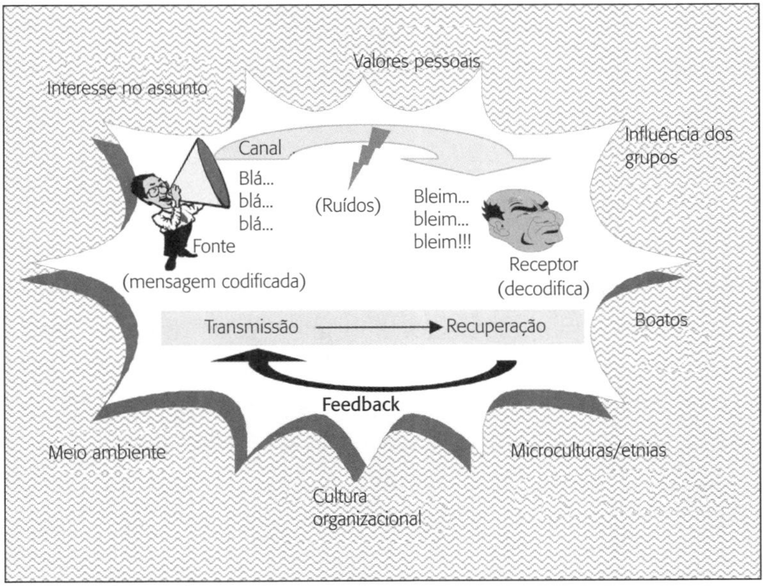

Fonte: Macêdo et al. (2009:74).

Vejamos, agora, cada um desses elementos:

- *fonte emissora* – inicia a transferência das informações ou ideias, fazendo a escolha adequada das palavras a serem organizadas em frases;
- *mensagem codificada* – podem ser usados códigos orais ou escritos em português (ou outra língua), bem como gestos, como ocorre entre pessoas com deficiência auditiva;
- *canal* – mídia através da qual a mensagem chegará ao receptor e que será tão eficiente quanto comporte transportar junto os significados;
- *fonte receptora* – é a pessoa a quem se destina a mensagem;
- *mensagem decodificada* – é necessário que o receptor igualmente domine o código original, ou seja, fale a mesma língua que o emissor, para poder entender o conteúdo da mensagem;
- *ruídos* – são barreiras que prejudicam a clareza ou a correta interpretação da mensagem recebida, conforme veremos adiante;
- *feedback* – retorno sobre a inteira compreensão da mensagem pelo receptor que vai além do costumeiro "entendi, sim senhor!".

Conforme também aparece na figura 1, outros elementos interferem, de forma positiva ou não, no processo de articulação entre esses sete elementos essenciais do processo de comunicação, quais sejam: o grau de interesse do receptor pelo assunto, seus valores pessoais, a influência dos grupos, os boatos, a cultura organizacional e suas "etnias" internas, entre outros fatores. Alguns deles se tornam tão fortes que impedem a fluidez a tal ponto que passamos a chamá-los de "barreiras da comunicação".

Barreiras nos fluxos de informação

A questão da falta de fluidez da informação – e, por conseguinte, da comunicação organizacional – é bem assinalada por Bartolomé (1999) ao prefaciar o livro *Comunicação eficaz na empresa*, de Argyris e colaboradores. Para ele, os principais obstáculos são:

- *padrões disfuncionais de comportamento* – excesso de críticas por parte dos gestores, estilos mais autoritários de mando, jogos de poder, tentativas de manipulação, ambiente muito competitivo, medo de formar concorrentes, emoções e conflitos em potencial são alguns dos inúmeros fatores pessoais que inibem a boa comunicação organizacional;
- *falta de visão e liderança organizacional* – gestores que não compartilham informações com sua equipe e colegas ou não procuram ter uma visão mais ampla do negócio e da interdependência das áreas tendem a se isolar e a criar suas próprias ilhas onde reinam soberanos;
- *barreiras estruturais e organizacionais* – hierarquias rígidas, excesso de níveis, especialização departamental, distância geográfica (que cria o famoso "nós aqui e eles lá...") tendem a contribuir significativamente para criar uma comunicação organizacional precária e distorcida, apesar do aparato tecnológico de intranets, *e-groups,* videoconferências, entre outros;
- *barreiras interculturais* – com a globalização, veio a necessidade de operar simultaneamente em vários países com fusos horários, culturas e idiomas diferentes. Por outro lado, temos a tendência de aderir a subculturas internas, tais como a dos analistas de sistemas, vendedores, entre outras, cada uma delas compartilhando valores, objetivos, rituais e jargões próprios;

- *excesso de dados* – sem dúvida, as redes eletrônicas de alcance mundial têm o poder mágico de propiciar acesso a muita informação que, teoricamente, poderia melhorar nosso nível de comunicação, ao mesmo tempo que nos torna alvo de dados em excesso ou, pior, dados sem utilidade alguma.

Para Lacombe (2009), entretanto, o maior filtro é a percepção pessoal que cada um carrega quando fala ou quando ouve, ou seja, a tendência que temos para julgar, avaliar, aprovar ou reprovar qualquer declaração ouvida e interpretá-la dentro do nosso quadro de referências, formado por valores, experiências e preconceitos. A forma de evitar essa distorção é exercer a empatia e passar a ver a ideia sob o ponto de vista do outro, lembrando que quando existem fortes emoções envolvidas, as distorções são ainda mais graves e injustas.

Assim, com tantos maus elementos se somando e se superpondo, é compreensível que as pessoas apontem a comunicação como a maior das dificuldades organizacionais. Aliás, nossa própria incapacidade de ouvir os outros também acaba contribuindo para aumentar significativamente o problema.

Códigos da comunicação não verbal

Cunha e colaboradores (2007:446) chamam a atenção para o fato de que as mensagens não verbais

> são mensagens silenciosas que se consubstanciam em aspectos como gestos, expressão facial, contato visual, modo de vestir, distância física entre interlocutores, tom de voz, entre outros. As pesquisas indicam que elas pesam cerca de 90% na impressão que se dá ao outro.

É interessante ressaltar que as mensagens não verbais podem ser intencionais ou não e, quando bem empregadas, no momento certo, são decisivas para cativar, emocionar e até obter adesão incondicional de um ou mais indivíduos, em um efeito muito maior que aquele alcançado pela escolha das palavras certas. Entretanto, sempre existe o risco de um gesto ser interpretado de forma errônea pelos outros, como fitar o outro olho no olho, por exemplo, que pode ter a conotação da sinceridade, mas também de desafio e, até, de agressividade.

Cunha e colaboradores (2007) ressaltam que o grau de proximidade física entre os interlocutores também pode estar transmitindo mensagens acerca do relacionamento existente entre eles. Nesse sentido, os autores apontam os seguintes indicativos:

- até 45 cm, a distância é própria de uma relação íntima;
- de 45 cm a 1,2 m, reflete relação pessoal;
- de 1,2 m a 3,5 m, caracteriza o espaço social;
- mais de 3,5 m, aponta para o espaço público.

O respeito a esses espaços é que ajuda a manter diretores longe de tapinhas nas costas ou toques físicos. Certamente você, caro leitor, já havia percebido o quanto eles podem estar transmitindo mensagens não verbais nos corredores e salas das empresas, não?

Linguagem metafórica

Lacombe (2009) sugere que o gestor deve enriquecer sua comunicação com exemplos concretos, histórias, símbolos, metáforas e parábolas para tornar claras suas visões abstratas e para criar jargões que lembrem a todos a mensagem compartilhada. Vamos, então, exercitar esse tipo de comunicação metafórica com um exemplo.

Em meio à aula, um professor encheu um pote de vidro com bolas de pingue-pongue, perguntando à turma se caberia algo mais. Como todos dissessem que não, ele introduziu bolas de gude nos espaços vazios, refazendo a pergunta e, novamente, obtendo a resposta de que "não havia mais lugar" no pote. Agora, com areia ocupando todos os espaços restantes, ninguém na sala tinha dúvidas de que o pote estava completamente cheio, até que o professor derramou café dentro do pote...

Qual a mensagem que essa pequena metáfora lhe passou, prezado leitor? Na verdade, foram muitas, se considerarmos o pote como nossa vida pessoal ou como nossa carreira. Ou seja, nesses vários potes temos de preservar nossos objetivos – maiores ou menores, como as bolas de pingue-pongue e de gude – e cuidar para que a areia não ocupe indevidamente o espaço das mesmas. Assim, ao usar essa metáfora, o gestor pode sinalizar quais seriam essas bolas mais importantes e criar o jargão da areia para chamar a atenção da equipe sempre que estiver desviando sua atenção para coisas menores e fora desse foco.

Quanto ao café derramado, determine você mesmo o significado, lembrando que cada pessoa da sua equipe achará um sentido diferente sobre coleguismo, união de esforços, compartilhar conhecimentos. Como vimos, essa diversidade de opiniões, ao mesmo tempo que enriquece a comunicação, levanta algumas barreiras com as quais agora você deve lidar.

Desenvolvendo a comunicação assertiva

Trata-se de uma escolha que podemos fazer ou não. Ao sermos assertivos, estamos abandonando tanto a agressividade presente, quando queremos fazer valer nossas opiniões, como a passividade que nos inferioriza perante os outros.

Linguagem corporal agressiva, assertiva e passiva

Segundo Bishop (2008), uma técnica que reforça a boa comunicação é alinhar de forma coerente – e convergente – as palavras, a maneira de se expressar e a linguagem corporal. Geralmente, no entanto, por causa do nervosismo, do embaraço ou da raiva maldisfarçados, costumamos passar mensagens conflitantes, nas quais o que dizemos é contradito por nossa expressão facial, nossos movimentos ou a maneira como posicionamos nosso corpo. A linguagem corporal nos denuncia.

É importante ressaltar que se houver esse conflito entre as palavras que estão sendo ditas e a linguagem corporal, nossa tendência será valorizar a mensagem não verbal em detrimento daquilo que estamos ouvindo. Interessante, não é mesmo?

França e Leite (2007) afirmam que assertividade pode ser vista como uma filosofia de vida ou como um estilo de comportamento. No primeiro caso, a pessoa estaria, de fato, exercendo o que ele chama de "a arte do diálogo", em que tanto o emissor como o receptor expressam suas próprias convicções e ideias, mas também sabem calar para ouvir a opinião do outro. Essa flexibilidade, essa busca por entender o outro é que permite que ambos aceitem o direito de pensar diferente.

Como estilo de comportamento, os autores chamam a atenção para a tendência que temos, como animais humanos, de nos comportar de forma mais agressiva ou passiva – mas não assertiva – numa situação de confronto que envolva ameaça emocional. Essa afirmação ratifica os dois perfis de mentes humanas: o emocional e o racional, ou seja, um impulsivo e outro mais reflexivo. Isso nos leva às seguintes combinações:

- *tipo passivo*: pouco contato visual, voz mais baixa, hesitação. Aconselhável sempre que houver confrontos e até violência física, pois trata-se de uma postura que induz ao não confronto. Deve-se levar em conta, entretanto, que se trata de uma atitude que gera certo grau de insegurança numa equipe;

- *tipo agressivo*: apresenta desenvoltura e até pode ser útil quando é necessário que pessoas executem suas tarefas sem hesitação. Transmite energia e posição de superioridade, muito frequentemente às custas de interromper os outros, não aceitar seus argumentos e perder o autocontrole. Como as pessoas se sentem diminuídas e ressentidas, esse estilo pode derivar para assédio moral;
- *tipo passivo-agressivo*: tenta superar as fraquezas da passividade com a arrogância do tipo agressivo. Tem postura de insegurança e incapacidade para agir, compensando isso com gestos e tom de voz agressivos, bem como usando termos sarcásticos;
- *tipo assertivo*: apresenta traços de firmeza e dinâmica positiva de uma relação amadurecida, baseando-se numa autoestima que demonstra segurança e controle emocional, respeitando a si e aos outros. Mantém bom contato visual, entonação de voz moderada, clara exposição de motivos e abertura de espaços para ouvir o outro.

Para sermos exímios na arte da conversação, já podemos antecipar qual será o estilo a ser adotado com maior ênfase, não é mesmo?

Comunicação emocional e a arte da conversação

Citando Daniel Goleman, França e Leite (2007) alertam que a chamada "inteligência emocional" parte do pressuposto de que haja a construção de uma linguagem emotiva, a qual se estabelece a partir da capacidade de se perceberem em profundidade os sentimentos do outro e também de se agir segundo tais sentimentos.

Assim, conhecer a si próprio, ser capaz de controlar suas emoções, manter-se otimista, ser empático com a outra pessoa, modular o tom de voz e adotar um gestual amigável, ser persuasivo sem imposição são alguns conselhos que ajudam a construir esse tipo de linguagem, que deve estar presente ao longo de uma conversação, por exemplo. Aliás, apesar das vantagens que a conversação permite na troca de ideias, coleta de opiniões, compartilhamento de conhecimentos e melhoria nos relacionamentos, seu espaço na vida organizacional está cada vez mais escasso, seja pelas dificuldades pessoais em manter um diálogo com outras pessoas, seja pelo paradoxal distanciamento que os meios eletrônicos nos impõem ou, ainda, pela sobrecarga de trabalho que ocupa o tempo em que poderíamos estabelecer um diálogo com alguém.

Entretanto, Lacombe (2009) é categórico ao afirmar a necessidade de se experimentar o chamado "momento humano", termo que ele cunhou para chamar a atenção sobre a necessidade de focarmos nossa atenção emocional, intelectual e física na pessoa que estiver à nossa frente. E isso significa relegar a segundo plano o que se estiver fazendo – um telefonema, a leitura de um documento, qualquer tipo de distração – e se concentrar na busca de uma boa conversação e, por extensão, no sucesso da comunicação.

Para Barker (2007), a conversação é uma dinâmica de falar e escutar, sendo que essas duas atividades não acontecem apenas em sequência ou em alternância, mas sim ao mesmo tempo. Ou você ainda não se deu conta de que, mesmo calado, ouvindo o que o outro está dizendo, nosso corpo fala, conforme ensinam Weil e Tompakow (2003)? Como as conversações são impregnadas dos nossos modelos mentais – construções que fazemos sobre a realidade que nos cerca –, as diferenças podem levar ao conflito inerente às chamadas conversações antagônicas que, por isso, devem ser evitadas.

Para promover conversações eficazes e produtivas, Barker (2007) recomenda usar as sete estratégias seguintes:

- *esclarecer o objetivo da conversação* – esse tipo de procedimento, mesmo precedido de uma conversa "quebra-gelo", ajuda a outra pessoa a se preparar melhor para responder. Basicamente, nas empresas os dois objetivos mais focados são examinar um problema ou encontrar uma solução;
- *estruturar o pensamento sobre o problema e sobre a solução* – com esse cuidado, evita-se pular a etapa da análise do problema e passar diretamente para a tentativa de resolvê-lo apressadamente e de forma errada. E esse cuidado permite que a outra parte apresente suas ideias e argumentos;
- *administrar o tempo* – evitar monólogos longos ou argumentos repetitivos, visto que interrupções frequentes são bons indicativos na condução da conversação;
- *explorar interesses comuns* – a partir dos seus pontos de vista, buscar encontrar aqueles que deixariam a outra parte mais motivada em estabelecer o diálogo;
- *ir além da discussão* – de forma a desarmar uma possível conversação antagônica, desativar as crenças, pressupostos e opiniões pessoais e aumentar a atenção em torno dos significados e crenças compartilhados;
- *reinterpretar as ideias dos outros com suas próprias palavras* – em geral, esse resumo passa a ideia de que a opinião da outra parte foi valorizada; trata-se de um recurso que pode ser usado em qualquer ponto da conversação;
- *usar recursos visuais e metáforas* – como conseguimos reter até 80% do que vemos, rabiscos, esquemas, palavras-chave e determinados gestos podem contribuir para a conversação, bem como o uso de pequenas histórias cujo conteúdo esteja relacionado ao tema em pauta.

Além disso, é bom ressaltar que uma conversação eficaz resulta de perguntas inteligentes dirigidas com o objetivo de investigar o pensamento da outra pessoa, desconsiderando os próprios pressupostos sobre o assunto. Ainda segundo Barker (2007), uma boa pergunta ajuda a outra pessoa a pensar adiante, desenvolver uma ideia nova e até mesmo a revelar seus sentimentos sobre o foco da conversação, evitando futuros mal-entendidos tão comuns em qualquer processo de comunicação.

A arte de saber escutar também faz parte da comunicação

Tal como em nossos relacionamentos interpessoais, também selecionamos e eliminamos os pensamentos e ideias que outra pessoa pode estar querendo nos passar. Ou seja, só ouvimos o que queremos ouvir, e essa é uma deficiência crônica, de graves consequências para o processo de comunicação. Nesse sentido, é válido o pensamento que diz: "Quando você fala, repete o que já sabe; quando ouve, aprende algo".

Assim, para alguém que está investindo em sua carreira e pretende ser um gestor de reconhecida competência, é preciso perseguir essa aprendizagem, pois ela se torna imprescindível em situações corriqueiras, como em entrevistas com candidatos a emprego, avaliação de desempenho de subordinados, identificação de queixas e reclamações, negociação de acordos, entre outras situações elencadas por Carvalho e Serafim (2004).

Para Cunha e colaboradores (2007), as pessoas tendem a qualificar como um comunicador eficaz aquele que sabe ser um bom ouvinte, que tem o espírito aberto, é empático, não interrompe o outro e é capaz de fazer perguntas inteligentes que ajudam a evitar mal-entendidos.

Segundo os mesmos autores, é interessante observar que algumas estimativas sugerem que os gestores empregam cerca de 9% do seu dia de trabalho lendo, 18% escrevendo, 30% falando e 45% escutando. O problema, entretanto, é que, logo em seguida, se alguém nos pedir para repetir o que foi "escutado", só conseguiremos nos lembrar da metade, percentual que vai diminuindo com o passar das horas e dias. Ou seja, nossa educação enfatiza a formação em escrever e falar, mas pouco aprendemos sobre escutar.

Feedback e comunicação

Que tal reunir um pouco de tudo que até agora foi exposto sobre comunicação – processo emissor, receptor, barreiras, comunicação não verbal, estilo assertivo, arte da conversação, habilidade de saber ouvir – e buscar desenvolver uma das competências pessoais de maior relevância para melhorar o desempenho das pessoas e equipes?

Trata-se de dar feedback a alguém sobre seus níveis de desempenho na função ou sobre seu modo de se relacionar com as demais pessoas. Para tanto, é interessante adotarmos uma comunicação autêntica, conforme preconiza Zarifian (2010). Para o autor, trata-se de um processo capaz de construir a compreensão recíproca e o significado compartilhado, para que as pessoas envolvidas possam compreender as ações que serão realizadas conjuntamente ou individualmente, com todos direcionados para objetivos comuns. Ou seja, comunicação autêntica é aquela que respeita as condições de expressividade – ou direito de expor livremente –, viabilizando o poder de iniciativa, de propor ações, de engajar-se na dinâmica dessa comunicação. Dentro dessa linha, Reis e colaboradores (2008) alinham várias diretrizes e cuidados que um gestor deve adotar no processo que se convencionou chamar de feedback construtivo, dado que seu objetivo maior é corrigir eventuais desvios de desempenho funcional, bem como acertar melhorias futuras.

De posse desses conceitos, que tal colocá-los em prática dentro de um processo de feedback construtivo?

Vamos supor que um funcionário seu esteja apresentando deficiências de desempenho e também no relacionamento com seus colegas de equipe e você queira ajudá-lo a voltar aos bons padrões anteriores. Como não existe uma fórmula única de promover esse tipo de feedback, vamos passar a comentar algumas dicas que estão relacionadas a três momentos distintos:

a) antes da reunião:
   - reúna dados sobre o histórico de desempenho do funcionário, incluindo datas, erros e acertos, avaliações de desempenho, treinamentos recebidos etc., criando uma linha do tempo;
   - formule um convite amigável, providenciando um local em boas condições, num horário em que não haja possibilidade de interrupções;

b) durante a reunião:
   - inicie a conversa tocando em pontos neutros ou familiares, perguntando-lhe a opinião sobre algo que esteja ocorrendo por aqueles dias, com a finalidade de deixá-lo mais descontraído. Um espaço para promover uma autoavaliação também é adequado;
   - faça um breve preâmbulo sobre suas contribuições, pontos positivos, resultados já alcançados, sempre enfatizando o quanto esses elogios são merecidos e reconhecidos;
   - um a um, comece a apontar as questões que mereceriam ser melhoradas, enumerando os fatos e dados reunidos anteriormente. Nessa parte, é bom lembrar que as pessoas têm diferentes capacidades de suportar, bem como de reagir a feedbacks negativos, e os sinais disso se tornam visíveis por meio da linguagem não verbal: rugas na testa, braços cruzados, dedos tamborilando na cadeira e outros;
   - cuide para que essa avaliação se restrinja a tópicos relacionados ao desempenho na empresa e não envolva traços de personalidade, por exemplo;

- sem interromper, passe a ouvir o que o subordinado tem a dizer sobre os fatos relatados a respeito de suas possíveis deficiências;
- peça para que identifique quais melhorias ele se propõe fazer de imediato e quais as que exigirão um prazo maior, bem como de que tipo de ajuda precisará (cursos, equipamentos etc.);
- estabelecido o plano de ação e os contratos psicológicos, combine metas factíveis de serem alcançadas em determinado tempo, marcando um novo encontro mais adiante para feedback sobre o andamento e também para pequenos ajustes de rota;

c) *após a reunião*:

- periodicamente, revise o plano de ação acordado, elogiando o funcionário sempre que o resultado for positivo e as mudanças realmente acontecerem, bem como reafirmando sua expectativa positiva sobre o que estiver ainda para ser cumprido (prática do follow-up).

Segundo Cunha e colaboradores (2007), não existe "não feedback", dada a possibilidade de o mesmo ser inferido, ainda que o gestor não se pronuncie a respeito de estar ou não gostando do desempenho do subordinado. Tal falta de clareza pode ter sérias consequências que poderiam ser evitadas se o gestor não se omitisse de promover essa comunicação autêntica, comentada neste capítulo. Ademais, é bom lembrar que só se pode dar feedback sobre deficiências de desempenho se os padrões tiverem sido previamente estabelecidos entre as partes, certo?

Lembre-se de que para gerar bons resultados, esse processo de feedback deve ser descritivo, oportuno (no momento adequado), proporcional aos fatos relatados (ele não se esgota na busca de culpados) e sempre focado no futuro. E de que elogios podem e devem ser ditos em público, mas reprimendas não.

Comunicação escrita

Como sabemos, a comunicação escrita envolve o registro de informações e dados em memorandos, ofícios, avisos, cartas, e-mails, jornais internos, informativos em murais e relatórios, e, segundo Robbins (2009), ela é tangível, pode ser armazenada, mas, em compensação, exige mais tempo e cuidado com as palavras. Seu grande defeito, porém, é não permitir um feedback instantâneo, como a comunicação oral descrita anteriormente.

Por esses motivos, Lacombe (2009) recomenda que, nos documentos escritos, devem ser tomados os seguintes cuidados:

- aproximar o texto da linguagem corrente, com o menor número de frases possível;
- focar o assunto com clareza e objetividade, itemizando sempre que houver vários tópicos a considerar;
- rever o texto, com olhos de leitor, de modo a simplificar e esclarecer melhor algum ponto mais confuso ou termos técnicos complicados;
- corrigir eventuais erros gramaticais, de concordância e até de pontuação das frases;
- evitar usar a voz passiva na construção dos parágrafos;
- usar preferencialmente o presente do indicativo ou o infinitivo (o presente trecho é um bom exemplo dessa aplicação) como tempos verbais ideais, em lugar do futuro ou do imperativo, até pela antipatia que despertam nos outros;
- redigir em um dia e revisar no outro, como forma de desenvolver essa empatia escrita;
- ouvir a opinião de terceiros sobre o texto como estratégia para diminuir os ruídos.

Para Carvalho e Serafim (2004), além dos cuidados mencionados, é aconselhável que o gestor planeje com antecedência sua comunicação escrita, fazendo-se as seguintes perguntas:

- *o quê*: uma orientação? Uma cobrança? Um fato relevante? Um esclarecimento?
- *como*: escrevendo um memorando? Colocando na intranet ou jornal interno da empresa? Divulgando nos murais? Criando cartazes e banners?
- *quem*: subordinados? Outras equipes? Um determinado cliente? Um superior? Toda a empresa?
- *quando*: nesta semana? Hoje (nesse caso, redobre os cuidados!)?

Como se vê, nada pode ser deixado ao acaso, sob pena de que as falhas condenem todo o processo e tornem a comunicação organizacional um verdadeiro calvário para todos.

Comunicação organizacional

Se fosse perguntado aos funcionários e gestores nas organizações qual o principal problema que eles vivenciam e que atrapalha significativamente seu dia a dia, a probabilidade de que todos apontassem a comunicação ineficaz é bastante alta.

Vimos que as falhas começam na forma como nos comunicamos uns com os outros – ou, pelo menos, tentamos – e se juntam a diversos outros fatores organizacionais, pontos que passaremos a analisar com mais detalhes, com base em Robbins, Judge e Sobral (2010).

Canais de comunicação formais

Canais formais são aqueles que permitem que as informações circulem pela cadeia de comando da organização segundo os fluxos indicados no organograma, garantindo assim eficiência e coordenação. Conforme sua direção, os canais formais podem ser:

- *comunicação descendente* – partindo dos níveis mais elevados até chegar ao nível operacional, esse fluxo é responsável pela implementação das estratégias organizacionais e inclui instruções de trabalho, mensagens, reuniões e mecanismos de feedback;
- *comunicação ascendente* – são as informações que partem do nível operacional e chegam ao topo em forma de sugestões de melhorias, pesquisas de clima organizacional, relatórios e informações contábeis e financeiras. Esse fluxo vem sendo gradativamente desobstruído por práticas mais informais de gerenciamento, tais como reuniões de portas abertas, uso autorizado do *by pass*, café da manhã com o presidente da empresa e outras que já fazem parte das estratégias de endomarketing, até porque novos públicos internos vêm sendo incorporados às estratégias organizacionais (terceirizados, franqueados, estagiários, aposentados, famílias dos funcionários, sindicatos);
- *comunicação lateral* – com a finalidade de dar suporte e coordenação, as mensagens são trocadas lateralmente, em um mesmo nível, ou em diagonal, alcançando diferentes áreas. Reuniões interdepartamentais, equipes de projetos e forças-tarefas são alguns dos mecanismos pelos quais circula a informação nesse tipo de fluxo.

Com relação a esse último tipo, é interessante frisar sua importância para promover a conhecida troca de informações, cujo somatório resulta nos processos previstos para uma adequada gestão do conhecimento. Para facilitar esse fluxo e até torná-lo mais intenso é que nos layouts dos escritórios reservam-se espaços importantes onde são disponibilizados cafezinho, água, refrigerador, máquinas copiadoras e até fumódromos.

Segundo Schermerhorn, Hunt e Osborne (1999), essa comunicação lateral pode ser ainda reforçada pelas chamadas estruturas informais e também pelos boatos, que merecem, por sua vez, uma análise mais profunda. Não concorda, prezado leitor?

Comunicação nos locais de trabalho versus comunicação nos corredores

Para Krackhardt e Hanson (1993:104),

> se a organização formal é o esqueleto de uma empresa, a informal constitui o sistema nervoso central que guia os processos de pensamento coletivo, as ações e reações das suas Unidades de Negócio.

Aliás, esses grupos informais tendem a se formar a partir de semelhanças pessoais (por exemplo: futebol, vizinhança de bairro etc.), podendo fazer parte do mesmo grupo funcionários de níveis hierárquicos diferentes.

Considerando que os grupos informais constituem-se por variados motivos e afinidades, neles a comunicação tende a se tornar mais direta, mais livre e sem as barreiras que normalmente surgem nas equipes de trabalho. E isso pode parecer paradoxal, não?

A comunicação informal está inserida em outros tipos de estrutura, como o grupo que se reúne para almoçar, o quadro das secretárias (que geralmente formam o *networking* mais bem-informado, apesar da discrição), o pessoal do futebol e outros. Também são considerados contatos informais os giros que dirigentes dão pela empresa, trocando ideias com colaboradores de todos os níveis, prática esta que traz excelentes resultados em termos de motivação.

Ocorre que, ao fazer parte de grupos informais, as pessoas tendem a se tratar pelo primeiro nome, sem considerar hierarquia ou nível socioeconômico, e – muito especialmente – conseguem ouvir o que o outro tem a dizer. Obviamente que essa comunicação tão plena e que valoriza a relação de proximidade que ali se estabelece explica a velocidade com que os boatos se espalham pela organização.

Boatos: problema ou solução?

Você já se perguntou de onde surgem, para que servem e como se propagam os tais boatos? Segundo Neves (2002), os boatos se diferenciam das lendas (situações já cristalizadas) e das anedotas (que têm a finalidade de divertir), mas se espalham com igual vigor porque, embora sem exatidão, têm o poder de querer convencer; daí a explicação para os "aumentos de um ponto" e a permanente mutação.

Por outro lado, o boato reforça o nosso sentimento de estar por dentro do que acontece ao redor, saber o que os outros sabem e se interessaram em compartilhar conosco, ou seja, ajuda a reforçar o sentimento de pertencimento que todos buscamos ter com nossos pares. É importante ressaltar que o boato nasce e cresce sempre que não existem respostas oficiais; daí a importância de o gestor contrapor esse tipo de informação, sempre que necessário, até considerando a equação (Shibutani apud Neves, 2002) que explica o fenômeno da rapidez da sua propagação:

$$\text{Boato} = \text{importância} \times \text{ambiguidade}$$

Ou seja, se a importância for nula ou não houver ambiguidade e falta de informação oficial sobre o assunto, não haverá boato. Simples, não?

Robbins (2009) cita várias pesquisas recentes sobre como se formam e se reproduzem os boatos dentro de uma empresa e nos fornece alguns indicativos interessantes, a saber:

- apenas um em cada 10 executivos serve de elo, ou seja, passa adiante a informação;
- dois terços das informações que fazem parte desses rumores são fidedignos;
- os rumores e os boatos funcionam ao mesmo tempo como um mecanismo de filtragem e de feedback, servindo para identificar os tópicos que os funcionários consideram mais relevantes.

Cunha e colaboradores (2007) sugerem que sejam identificadas as pessoas que desempenham determinados papéis-chave dentro dessas redes informais, entre os quais teríamos:

- pontes – atuando como elos, recolhem a informação e a reproduzem para outros elos, sendo responsáveis pela saúde da rede;
- terminais – acessam a informação, mas não a disseminam;
- isolados – nem recebem nem transmitem informação;
- toupeiras – usam a rede para atender seus propósitos (ou de seus amigos), relacionados a poder e status. Nesse sentido, podem distorcer informações, gerando um clima de desconfiança e mal-estar.

É interessante mencionar que nem sempre os boatos são sinônimos de problemas. Em alguns casos, podem até chegar a ser soluções, por exemplo, quando o gestor está interessado em sacudir uma equipe, tirando-a da chamada zona de conforto. Suponhamos que em determinada empresa tenha surgido o boato de que, em breve, começarão as demissões caso a situação não melhore. Certamente, ao promover uma reunião de esclarecimentos sobre a real situação, o gestor poderá contar com maior boa vontade dos participantes para propor novos contratos psicológicos em torno de metas e novos desafios.

Assim, o gestor deve estar sempre atento às conversas de corredor como uma espécie de termômetro da importância atribuída ao conteúdo dessas conversas, até para poder desmentir eventuais informações sem fundamento ou esclarecer pontos obscuros.

Comunicação com os diferentes públicos organizacionais

Ao se falar em comunicação organizacional é preciso lembrar que diferentes públicos internos – funcionários, acionistas, terceirizados, estagiários, famílias dos funcionários, entre outros – podem alterar a forma e o conteúdo da mesma mensagem, embora o processo seja um só e aparentemente integrado.

Segundo Neves (2002), deve-se evitar a esquizofrenia dos públicos, até como forma de obter efeito sinérgico com uma só mensagem bem trabalhada. Assim, é muito comum o discurso de que a empresa vai bem, mas aparecem cortes nos treinamentos. Ou, ao contrário: os tempos estão difíceis, com demissões nos setores, mas aparecem no estacionamento os novos carros da diretoria, e assim por diante.

É óbvio que esse conflito nas mensagens repassadas tem reflexos diretos na motivação e produtividade das pessoas e equipes – como veremos no capítulo 2 –, gerando a necessidade de o gestor estar atento a tais dissonâncias.

Pode-se concluir que – tal como a interpessoal – a comunicação organizacional também extrapola o simples repassar de mensagens escritas e orais, e igualmente se alimenta da vertente não verbal. Portanto, devemos ter cuidado com o que dizemos e, mais ainda, com o que estamos fazendo ou deixando de fazer.

Outro aspecto interessante a considerar nessa comunicação organizacional, segundo Chanlat (1996), é o tipo de linguagem administrativa que predomina nela, especialmente se estiver impregnada de jargões técnicos que limitam o entendimento de pessoas que não compartilham esse mesmo código. Os slogans, os clichês, as frases curtas, a compactação de palavras acabam empobrecendo a comunicação, esvaziando-a do seu potencial de compreensão. E acabam levantando ainda mais barreiras.

A comunicação na equipe

Na equipe, a comunicação é muito mais efetiva, tendo em vista que os conflitos e as discordâncias já foram equacionados, valorizando, assim, as pessoas e seus relacionamentos anteriormente estabelecidos. Quando os participantes já se conhecem, sabem das limitações do outro, criam sentimento de empatia e compreensão mútua entre eles, evitando os preconceitos e julgamentos superficiais. Assim, na equipe, a preocupação com qualidade e produtividade leva a resultados lucrativos por meio de um clima de realização pessoal e profissional, oportunizando aos colaboradores melhor qualidade de vida.

Portanto, a comunicação entre os participantes deve ser transparente, porém adequada e respeitosa, estimulando as diversas participações na equipe e tornando imprescindível o comportamento assertivo por meio de afirmações sobre a percepção e o entendimento da mensagem.

Para promover o exercício do comportamento assertivo, recomenda-se o uso de certas habilidades verbais de assertividade que auxiliarão os indivíduos a dizerem o que querem, sem culpas. De acordo com Smith (2002), no tocante às críticas é de extrema importância o desenvolvimento e a aplicação das habilidades a seguir:

- *disco riscado* – essa capacidade realça a expressão da persistência por meio da tranquila repetição. Narram-se as intenções, os desejos e as percepções a respeito de fatos e de situações, sem perder o equilíbrio emocional nem, tampouco, compactuar com empates inúteis. A calma é a maior aliada da persistência no objetivo traçado. Jamais o interlocutor será agredido. Concentração no objetivo, paciência e tolerância tornam-se fundamentais;

- *enevoamento* – essa aptidão se refere às críticas manipuladoras ou a quando as coisas não estão sendo colocadas claramente. Inicialmente, com muita calma, reconheça a probabilidade de existir veracidade no julgamento do interlocutor. Não se apresenta oposição à crítica, mas reconhece-se a procedência. Colocações como: "Entendi, contudo gostaria de pensar a respeito"; "Talvez você tenha razão"; "Não havia pensado por esse ângulo", entre outras, são bem-vindas. Assim, essa avaliação, se manipuladora, se arruinará na sua improcedência;
- *aceitação* – essa habilidade trata do acolhimento de erros com naturalidade, sem a necessidade de o responsável se desculpar ou justificar por eles, ou se sentir culpado pelo fato de tê-los cometido. Quando se erra, há duas alternativas: sentir-se culpado ou aceitar o erro sem ser destruído pela culpa, dando a si mesmo a possibilidade de aprendizado ao trabalhar proativamente na construção de uma melhor resposta, em vez de se deprimir;
- *indagação negativa* – usamos a indagação negativa para o próprio desenvolvimento. Exemplo: "Por que não posso apresentar essa proposta?"; "Por que os clientes e as regiões não foram redivididas?". Porém, quando se percebem causas ocultas gerando manobras ilícitas, deve-se eliminar a crítica. Por conseguinte, exige-se do interlocutor uma postura mais assertiva e menos dependente de estratégias e truques manipuladores.

Comunicação politicamente correta

Por liderarem com clientes cada vez mais exigentes e esclarecidos, e estarem associadas a práticas de responsabilidade social, as organizações também passaram a ter mais cuidado com questões relacionadas aos preconceitos contra determinados grupos de pessoas. Assim, Robbins (2009) recomenda trocar termos pejorativos por outros politicamente corretos, tais como: portador de necessidades especiais (em lugar de aleijado), pessoa de idade avançada (em lugar de velho), equidade educacional, equidade étnica (em lugar de cotas), entre outras. Aliás, prezado leitor, você sabia que informalmente já se nomeia "direito homoafetivo" ao conjunto de leis que se referem ao relacionamento homossexual?

Devemos lembrar que, mesmo usando o termo politicamente correto, basta uma variação na entonação da voz ou um determinado gesto para reduzir a zero essa tentativa de tornar a comunicação mais liberta dos preconceitos. Por outro lado, quando eliminamos palavras que encerram determinado conteúdo, podemos estar reduzindo o impacto da mensagem, ao torná-la incompreensível para outras tantas pessoas.

Surge o endomarketing

Com tantas dificuldades de comunicação interna, alguém deve ter-se questionado: "Por que não usar o arsenal utilizado para informar e convencer clientes que sempre foi amplamente utilizado pelo marketing?".

Estava nascendo, então, o chamado endomarketing, que adapta inúmeras ferramentas da área mercadológica para melhorar o nível das mensagens a serem passadas aos diferentes públicos internos da empresa.

Segundo Brum (1999), endomarketing reúne toda forma de ações e instrumentos que sirvam à finalidade de informar, integrar e encantar o público interno de uma organização. Para que isso aconteça, e dependendo da finalidade – esclarecer, compartilhar, estimular, comemorar –, o gestor pode se valer de um verdadeiro arsenal de veículos, eventos, rituais, concursos, entre outros. A pesquisa de clima organizacional, por exemplo, nada mais é do que a versão interna da clássica pesquisa de satisfação do cliente.

Usando sugestões do próprio Brum (1999), bem como de Cahen (1990) e Neves (2002), seguem-se alguns tipos de eventos que vêm sendo usados pelas empresas na tentativa de melhorar sua comunicação interna com seus vários públicos:

- *programa de integração do novo funcionário* – manual contendo informações sobre a empresa (histórico), o negócio (linha de produtos, mercados etc.), código de ética, missão e valores, bem como sobre os direitos e deveres dos colaboradores e políticas de benefícios. Pode vir com o roteiro de treinamentos e visitas a setores, crachá, brindes e nome do padrinho;
- *jornal interno* – destinado a publicar fatos de interesse dos funcionários (destaques, aniversários, formaturas, poesias etc.), diferentemente do *house organ*, que é mais focado em notícias relacionadas ao negócio. Pode ter ou não um encarte da área de RH, ou da associação dos funcionários, por exemplo;
- *mural/jornal de parede* – painéis próximos a lugares de grande acesso de funcionários (e de clientes também), contendo de cinco a sete espaços ou escaninhos de vidro para a colocação das notícias referentes àquela coluna (mercados/clientes, campanhas, andamento das mudanças, destaques, notícias de RH etc.);

- *campanhas e cartazes motivacionais* – renovação de conceitos, busca por adesão, propostas de desafios com o objetivo de fortalecer emoções (redução de custos, segurança no trabalho, qualidade de vida etc.). Mais centrados nos textos explicativos sobre determinado evento, como venda de ações, por exemplo, são os chamados cartazes explicativos;
- *rituais de comemoração* – informações sobre a realização de eventos, tais como festa de Natal, quermesses, festa junina, amigo secreto, aniversário da empresa etc. Uma versão mais limitada seria, por exemplo, um jantar com todos os funcionários de um departamento que atingiu determinadas metas;
- *presidente ao vivo* – reuniões periódicas com todos os funcionários, ou em um café da manhã (cuja caneca o convidado leva como lembrança);
- *gestão à vista* – reuniões, publicações, monitoramento de indicadores que são expostos, em geral, na entrada do departamento;
- *palestras internas* – democratização do conhecimento, com a realização de eventos abertos à participação de todos. Sempre que um funcionário faz uma viagem de trabalho, visita uma feira ou participa de um curso pode ser convidado a preparar algo para compartilhar com seus colegas;
- *mensagens virtuais* – uso da tela de descanso dos terminais, mensagens no chão etc.;
- *rituais de valorização/distribuição de prêmios e símbolos* – eventos de premiação por tempo de serviço, aposentadoria, recepção aos novos funcionários, atuação exemplar, destaques do mês etc., acompanhados da entrega de prêmios ou pequenos objetos que possam ser exibidos na mesa de trabalho, tais como, canecas, porta-canetas, flâmulas de *club top* etc.;
- *correio eletrônico* – permite criação de jornais virtuais, envio de mensagens provocadoras de motivação e pequenos casos para reflexão de um grande número de pessoas. Também se

torna o canal ideal para envio do clipping eletrônico, contendo resumo diário das notícias de interesse dos funcionários e da empresa, eventualmente publicados nos meios de comunicação;

- *open house* – visitas programadas das famílias, terceirizados e funcionários de outras unidades;
- *programas de sugestões* – estímulo a sugestões, criatividade e participação de todos, desde que realizados com alguns cuidados para evitar o individualismo, a falta de retorno etc.

Muitas das ideias aqui expostas atingem maior efetividade e alcance, em termos de comunicação, graças aos recursos tecnológicos de que as organizações dispõem hoje, conforme veremos a seguir.

Comunicação eletrônica

A tecnologia da informação veio para ficar. O grande problema, entretanto, acaba sendo a facilidade com que somos expostos a montanhas de informações, cuja seleção e envio de respostas nos toma muito tempo, tempo esse desviado de assuntos importantes. Por esse motivo, o crescimento exponencial das redes de intranet, internet, correio eletrônico (e-mails), videoconferências, bem como as redes de relacionamento, entre elas Orkut, Facebook, YouTube, Messenger, Twitter, são vistos como ameaças em muitas empresas. Em outras, porém, essas interações são até estimuladas, dado o potencial de comunicação instantânea que podem agregar ao ambiente de trabalho. De qualquer forma, sempre é bom estar atento ao fato, apontado por Gil (2001:33), de que não podemos perder o foco de que essa comunicação – apesar de todo o cenário de recursos eletrônicos – só trará resultados ao negócio se estiver ao alcance e dentro do interesse das pessoas que a utilizam.

Seja por falta de costume ou por razões culturais, as organizações brasileiras, geralmente, exercem forte controle sobre o uso de mídias sociais no ambiente de trabalho. Tudo leva a crer que as próximas gerações serão 100% digitais e multitarefas e, portanto, as empresas deverão, cada vez mais, fazer uso dessas ferramentas e buscar acessar as chamadas mídias sociais para melhorar sua comunicação. Que tal oferecermos uma visão geral delas?

E-mail

Para Robbins (2009), esta ferramenta de comunicação apresenta diversos benefícios, tais como mensagens editadas, reproduzidas e armazenadas facilmente; custos muito baixos; envio para um ou mais pessoas com um simples toque no mouse, entre outros.

Já entre suas desvantagens, o autor enumera a ausência de conteúdo emocional e de pistas não verbais disponíveis em uma conversação frente a frente, além de favorecer o que chama de espiral de conflitos quando, por exemplo, as palavras não forem bem escolhidas. Isso sem falar dos spams, das correntes e da privacidade zero.

Para Cunha e colaboradores (2007), é um canal pouco apropriado para convencer e persuadir alguém sobre determinada ideia, mas, em compensação, presta-se bastante bem para levantar múltiplas opiniões, para promover uma pesquisa mais abrangente e informal e assim por diante.

Mensagens instantâneas

Na verdade, trata-se de um e-mail em tempo real, em que o emissor clica no nome da pessoa para quem quer enviar a mensagem, podendo contar com imagem simultânea, como é o caso do Messenger. A possibilidade de manter contato com várias pessoas ao mesmo tempo (salas de chat) permite que um gestor monitore sua equipe mesmo a distância, reduzindo os custos com telefonemas, por exemplo. Para Robbins (2009), as mensagens instantâneas têm inúmeras vantagens se comparadas ao e-mail – não há espera, não há caixa postal lotada, nem incerteza quanto ao recebimento –, mas para troca de mensagens longas e que devam ser armazenadas, o e-mail é mais indicado.

Redes intranet, extranet e videoconferências

As intranets são redes privadas, internas, como a internet, mas cujo acesso é limitado às pessoas da organização com acesso via senha. Este tipo de rede está se tornando o meio preferido de comunicação, dada sua versatilidade, onipresença e possibilidade de acesso wi-fi (sem fios). Já as extranets, direcionadas à troca de mensagens que incluem fornecedores, revendedores e clientes, vêm cumprindo um papel notável na expansão da comunicação, especialmente no que diz respeito à instantaneidade de envio e recebimento das informações.

Também na capacitação de funcionários a um custo menor e com maior abrangência geográfica, essas redes têm sido da maior relevância estratégica. Nesse caso, o recurso da videoconferência empresta maior sofisticação, dada a possibilidade, por exemplo, de as pessoas se enxergarem em uma reunião de trabalho ou tirarem dúvidas *online* sobre o tema que está sendo exposto por alguém, até mesmo em outro país.

Sites, blogs, e-groups e portais

Uma das razões da proliferação das informações úteis e inúteis também é a facilidade de serem criados vários meios de acesso, reunindo grupos de interesse e que se visitam mutuamente. Assim, por exemplo, pode vir a ser criado um blog para capacitação de funcionários, no qual fiquem disponibilizados avisos, cursos online, testes de verificação de conhecimentos, biblioteca virtual, entre outros recursos virtuais.

Para criar um canal de comunicação com seus alunos e ex-alunos, a Fundação Getulio Vargas (FGV) criou o portal network (www.fgv.br/network), que permite a troca de mensagens entre colegas de uma mesma turma de pós-graduação, incluindo artigos e recados de professores e coordenação acadêmica, além da exposição de currículos e da oferta de vagas nas empresas dos alunos.

Redes de relacionamento

"Acabei de ser demitido. Alguém tem um emprego?". Com esse tweet com menos de 140 caracteres enviado para sua rede de seguidores, o jornalista americano Marc Luckie não só conseguiu a nova colocação, mas também uma proposta para publicar um livro, milhares de novos leitores pelo mundo afora, além de tornar-se referência na área. Esse exemplo, divulgado recentemente por meio da internet, serve para dimensionar a potencialidade dessa ferramenta de comunicação em massa, criada em 2006 e que vem sendo considerada a segunda maior rede social do planeta, atrás apenas do Facebook, que muito antes do que imaginamos deverá chegar ao primeiro bilhão de seguidores.

Atentas a esses novos ventos, muitas empresas estão se cadastrando no Twitter e criando páginas no Facebook ou no Orkut para divulgar suas vagas, dada a possibilidade de receber candidatos indicados por terceiros e até de atingir os talentos que não estão procurando emprego naquele momento, mas podem ser seduzidos por uma boa oferta.

E o preço a pagar

Com o advento dos celulares, pagers, palmtops, netbooks, e-books, iPads, iPhones, tablets e outros objetos de sedução e status, o preço a pagar acaba sendo a disponibilidade em tempo integral que as pessoas passam a oferecer às suas empresas, naquilo que Wood Jr. (2002) afirma ser a "cultura 24/7", ou seja, 24 horas por dia, sete dias na semana. E nas férias, como desconectar-se de tudo o que está acontecendo? Por que não dar uma espiadinha nos e-mails antes de levar a família à praia? Afinal, no modo de ver dos dirigentes, o lazer pode esperar, mas a empresa não.

Entretanto, esse comportamento de invasão da privacidade por parte dos gestores terá de ser revisto, pois, com o advento da Lei nº 12.551, promulgada em dezembro de 2011, esse tipo de procedimento, usando meios eletrônicos (celular, computador etc.) para passar ordens e pedidos a um funcionário fora do seu horário de trabalho será contado como hora extra, mesmo que ele esteja em casa.

Outro aspecto a ser considerado é a possibilidade de *by pass* sempre que um funcionário envia um e-mail diretamente para seu diretor, por exemplo, sem passar pelo crivo do seu gerente. Dependendo da cultura da empresa, essa facilidade pode gerar conflitos com a hierarquia formal ou, por outro lado, estimular a gestão participativa e uma comunicação mais aberta e direta.

De qualquer forma, sempre se recomenda cuidado ao lidar com essas novas e instantâneas formas de comunicação digital, especialmente no que se refere ao registro de alguma referência ao ambiente de trabalho, acesso aos dados e até boatos digitais, pois o rastreamento da mensagem torna possível identificar o autor.

Com o surgimento da sociedade do conhecimento, essa parafernália tecnológica presta inestimável serviço à gestão dos ativos intelectuais, pois permite apropriar o saber que está na posse dos funcionários, sistematizá-lo em caixas, armazenar e trocar, conforme o nível de acesso predeterminado. E, como se sabe, os ativos intelectuais são, hoje em dia, muito mais valiosos que os físicos e financeiros, conforme afirma Robbins (2009).

A tendência do uso da tecnologia da informação nas organizações, especialmente nas áreas que envolvam constante comunicação entre os pares, será cada vez maior, ainda mais se considerarmos a facilidade que tem a geração Y, recém-chegada, de lidar com ela e seus artefatos. Comunicação é considerada por muitos um dos maiores problemas existentes hoje nas empresas, independentemente do seu porte ou área de atuação, em razão de vários fatores, a começar pela precária comunicação interpessoal que praticamos, sem considerar a escolha das palavras e canais mais adequados, as barreiras e a linguagem não verbal que, mesmo sem querer, contraria o que estamos dizendo. A falta de assertividade também nos aprisiona nos extremos da comunicação agressiva ou apática, ambas bloqueando ainda mais o processo, especialmente quando apelamos para o emocional e deixamos de ouvir o interlocutor ou de tentar estabelecer uma conversação. Sempre é bom lembrar que as empresas valorizam gestores que conseguem vencer essas dificuldades e são capazes de corrigir desempenhos por meio de bons feedbacks, característicos de um processo planejado de comunicação.

Já a comunicação organizacional passa tanto pelos canais formais (setores e áreas) como pela estrutura informal (a chamada "rádio corredor"), nos quais se multiplicam os boatos, que devem ser analisados e corretamente tratados. Uma das ferramentas para isso é o endomarketing, cuja multiplicidade de eventos – reuniões de trabalho, rituais, jornalzinho, premiações, entre outros – associada aos recursos tecnológicos (intranet, blogs, videoconferências etc.) pode facilitar muito a comunicação dentro de uma organização, bem como a motivação de pessoas e equipes, assunto do próximo capítulo.

Exercitando conceitos

Para você leitor, preparamos algumas questões sobre as quais refletir:

1. Como usar a linguagem metafórica como recurso para dar feedback, melhorar o desempenho dos subordinados e estimular a equipe?
2. Qual o papel que os boatos têm efetivamente exercido sobre a comunicação organizacional?
3. Que habilidades devo desenvolver de modo que a comunicação interpessoal passe a agregar valor à minha carreira?

2

Motivação para o desempenho

O que faz uma pessoa concentrar parte de suas energias praticando certos comportamentos durante o tempo necessário ao alcance de determinados objetivos? Esta é uma pergunta motivadora para os cientistas dedicados ao tema, e suas respostas contêm informações valiosas para os gestores das organizações. Por isso, caro leitor, neste capítulo, iniciaremos conceituando a motivação e o comportamento condicionado para o trabalho. Em seguida, analisaremos teorias gerais da motivação e teorias motivacionais construídas a partir da ambiência organizacional. O conjunto dessas abordagens teóricas permite a compreensão da motivação como um processo constituído de causas e consequências, que une a motivação ao desempenho. Também, ao longo do texto, indicaremos as contribuições teóricas para as lideranças estruturarem e apoiarem os processos motivacionais dos empregados. Por fim, faremos uma breve incursão no campo das emoções como energia para iniciar e sustentar comportamentos direcionados para a realização de tarefas nas organizações.

Facetas da motivação para trabalhar

As empresas devem procurar despertar, em seus funcionários, motivação para fazer parte e permanecer na organização, comparecer ao trabalho regularmente, ter um bom desempenho e demonstrar comportamentos de cidadania. De empregados motivados esperamos alta produtividade, resultados de excelente qualidade e ações que busquem o bem coletivo (Bateman e Snell, 1998). A gerência estratégica das organizações necessita compreender essas motivações específicas e dispor de uma política clara, de um leque de processos de gestão de pessoas e de decisões gerenciais adequadas para sustentar os processos motivacionais do capital intelectual da organização.

Fazer parte e permanecer na organização implica compreender os significados de visão, missão e objetivos da empresa, para daí iniciar a construção do comprometimento. Com essas referências o empregado pode identificar um futuro para si próprio: uma carreira. A realização de um projeto individual exige a permanência na organização, e isso depende da qualidade da ambiência, do trabalho que é realizado, das recompensas recebidas, da competência dos líderes e das oportunidades para aprender – isso para citar somente algumas variáveis. Assim, conscientes dos desafios pertinentes ao tema, vamos estudar o fenômeno para saber como gerenciar a motivação dos empregados.

Para isso, a partir daqui trataremos de conceitos, teorias, modelos e ações relacionados com a motivação para trabalhar. Então, caro leitor, reserve o tempo necessário e concentre sua atenção, porque a nossa navegação no mundo da motivação profissional está começando. Boa viagem no universo das ideias científicas.

Motivação nas organizações

Motivação é uma palavra que atualmente abriga diversos significados. Aqui, o nosso interesse foi delimitado ao ambiente empresarial, com foco em comportamentos orientados de forma sustentada para o alcance de resultados (Krumm, 2005). Não é nosso interesse específico compreender os motivos que direcionam e mantêm uma pessoa dedicada a ler livros por uma hora diariamente, em lugar de usar esse tempo em atividades esportivas, mesmo sabendo dos enormes benefícios para sua saúde. Para nós, importa entender o porquê de, por exemplo, profissionais de alta qualificação e satisfeitos no trabalho não mostrarem elevada produtividade e excelência em resultados, ou a razão de trabalhadores apenas alfabetizados, com condições de trabalho razoáveis, apresentarem elevado grau de motivação e produção com qualidade de alto nível. Na procura de respostas para essas situações começamos analisando conceitos de motivação.

Robbins, Judge e Sobral (2010:196) definem a motivação como "o processo responsável pela intensidade, pela direção e pela persistência dos esforços de uma pessoa para alcançar determinada meta". Alinhado com esses autores, Mitchell (1982:81) entende que a "motivação representa aqueles processos psicológicos que causam excitação, direção e persistência de ações voluntárias que são dirigidas para metas".

Como verificamos nos conceitos apresentados, as ideias formuladas pelos pesquisadores do tema tendem a abranger os elementos adiante comentados (Spector, 2010):

- *direção* – optar por praticar determinado comportamento, tendo outras possibilidades. Por exemplo, decidir fazer o relatório de atividades do mês, em vez de se reunir com sua equipe;

- *intensidade* – energia colocada na realização do comportamento. Por exemplo, conferir, em 20 minutos, os pedidos dos clientes, com atenção e sem paradas, ou executar a mesma atividade durante todo o horário da tarde, com paradas para telefonemas e conversas paralelas;
- *persistência* – tempo dedicado à execução da tarefa. Por exemplo, trabalhar continuamente, sem folgas aos sábados e domingos, até concluir a montagem da unidade industrial.

A gestão da motivação para o trabalho deve enfocar o sistema de trabalho e o sistema de recompensas, porque, mesmo sendo a motivação intrínseca, a pessoa pode ter comportamentos condicionados por estímulos extrínsecos. Caro leitor, agora você vai acompanhar como as pessoas podem ter seus comportamentos condicionados ou desenvolver motivação, para que possa identificar diferenças, significados e impactos na gestão de pessoas nas organizações.

Comportamentos condicionados

A conquista de recompensas extrínsecas e a fuga de situações com potencial para resultar em punições condicionam muitos comportamentos nas organizações. Por exemplo, um empregado que aceita trabalhar horas-extras para custear uma viagem de férias.

Assim, entendemos que a pessoa é estimulada para o trabalho extrinsecamente quando deseja receber recompensas extrínsecas. As recompensas desse tipo são lembradas sempre que pensamos em recompensas de uma maneira geral. A título de exemplo, podemo citar remuneração, benefícios e ingressos para um evento esportivo ou cultural como reconhecimento de desempenho (Bowditch e Buono, 2006). Elas não são originárias do trabalho em si; são dadas pelos outros.

É fácil notar que os estímulos são largamente utilizados pelas organizações para começar e sustentar comportamentos na direção da obtenção dessas recompensas. Para esclarecer, a seguir damos exemplos de motivação e estímulos para o comportamento condicionado de buscar ultrapassar metas. Veja o quadro 1.

Quadro 1

MOTIVAÇÃO E COMPORTAMENTO CONDICIONADO

Comportamento motivado ou condicionado: ultrapassar metas		
Recompensa desejada	**Comportamento condicionado por estímulos**	**Motivação**
Comprar um carro		
Financiar um mestrado		
Mostrar para colegas sua alta competência		
Receber uma promoção		
Prazer de executar o trabalho		

A ideia de comportamento condicionado para o trabalho é enfaticamente criticada por Bergamini (2008), ao asseverar que, nas organizações, os estímulos, tais como salário, segurança, políticas, qualidade da ambiência, condições físicas do ambiente de trabalho, promovem apenas a satisfação das pessoas, mas não desenvolvem a motivação. Prossegue a autora dizendo que as recompensas extrínsecas provocam comportamentos condicionados com as seguintes características:

- *reação positiva de imediato* – iniciado um programa de recompensas, são comprovados resultados imediatos, mas quando testado experimentalmente, verifica-se que a melhora é de curta duração;

- *transitoriedade* – os valores propostos como recompensas são cada vez mais altos para surtir resultados;
- *quebra de continuidade* – extinguir um programa de recompensas provoca consequências negativas: as pessoas sentem que foram punidas e ficam frustradas;
- *sensação de injustiça ou iniquidade* – os premiados passam a perceber que são injustiçados, que não recebem o mesmo tratamento dos colegas quando não conseguem obter a recompensa novamente. É quase impossível estabelecer critérios objetivos para assegurar aos antigos premiados que as condições são iguais para todos.

As recompensas extrínsecas podem condicionar comportamentos para a realização do trabalho, mas são necessários cuidados especiais na adoção dessas práticas, pois Kohn (1998) relata mais cinco problemas provocados pelas recompensas extrínsecas. Veja os efeitos negativos identificados:

- *as recompensas punem* – a sensação de punição fica em todos os que não as recebem, principalmente naqueles que se julgam merecedores delas. Quando as recompensas são individuais, só um ou poucos vencem; todos os outros são derrotados, ou seja, punidos por não vencerem o desafio;
- *as recompensas rompem relacionamentos* – porque promovem a competição dentro de equipes, recompensas dificultam o trabalho conjunto. Os participantes passam a ser vistos como concorrentes. Também fazem aparecer os bajuladores das chefias. Na cultura brasileira, são excessivamente valorizados os relacionamentos pessoais, e os vínculos afetivos de amizade gerados nessas interações são bem mais fortes que as ligações mantidas exclusivamente no campo profissional. Relacionamentos exclusivamente profissionais são distantes, burocráticos e podem ser tensos, até desagradáveis, quando

envolvem críticas sobre baixo desempenho. Os feedbacks negativos são considerados ataques pessoais.

De outra parte, o relacionamento profissional sob o guarda-chuva da amizade é muito mais prazeroso, até porque as coisas desagradáveis são evitadas. Por exemplo, um resultado ruim é rapidamente creditado aos outros. Inclusive, essa é mais uma oportunidade para a pseudocompetência ser reafirmada, pois se conseguem resultados mesmo navegando em um mar de estupidez, porque não falta quem diga: "Mesmo com essa equipe capenga, mesmo com os adversários trabalhando contra, mesmo com tudo isso, nós conseguimos esse resultado. Não é o melhor da organização, mas considerando tudo aquilo que enfrentamos, está ótimo". É nesse espaço que é travada a batalha pelas recompensas extrínsecas. Então, a disputa por esse tipo de recompensas será vencida pelos que se mostrarem mais agradáveis ao chefe;

- *as recompensas ignoram razões* – permanecem encobertas as verdadeiras causas dos problemas de motivação. É mais fácil conceber um sistema de recompensas externas e esperar os resultados. O difícil, depois, é gerenciar problemas de médio e longo prazos criados por ele. Por exemplo, as pessoas estão desmotivadas porque não recebem feedback sobre seu desempenho e, para resolver o problema, a empresa cria um sistema de recompensas financeiras por resultados;
- *as recompensas desencorajam a assumir riscos* – a busca pela melhoria contínua é deixada de lado. As pessoas não arriscam, como maneira de garantir as recompensas já estabelecidas. Procurar fazer diferente para melhorar o desempenho envolve riscos que ameaçam as recompensas percebidas psicologicamente como de conquista possível;
- *as recompensas minam o interesse* – os empregados perdem o interesse pelo trabalho em si. A energia é destinada para acabar

a tarefa rapidamente, para receber recompensas. As recompensas extrínsecas enfraquecem a motivação intrínseca.

Os estímulos para o trabalho, como visto por Bergamini (2008), são formas de controle do comportamento humano nas organizações. Portanto, não se pode dizer apropriadamente "comportamento motivado", mas sim "comportamento condicionado". Apesar disso e mesmo com todas as consequências negativas mostradas, é preciso reconhecer que os funcionários estimulados por fatores extrínsecos, ou seja, condicionados por recompensas extrínsecas, aumentam sua produtividade, ainda que não estejam verdadeiramente motivados. Por isso, as recompensas extrínsecas não devem ser desconsideradas; podem ser utilizadas com moderação.

A motivação para o trabalho

Bowditch e Buono (2006) entendem a motivação como os comportamentos energizados pelo prazer de realizar a tarefa em si. Outro aspecto é abordado por Vergara (2009): a motivação está dentro das pessoas e os estímulos estão fora. Kinicki e Kreitner (2006) complementam afirmando que a diversão e o desafio dirigem as pessoas motivadas. Por outro lado, recompensas, pressões ou solicitações externas orientam as ações de pessoas condicionadas. Essas ideias representam os pensamentos de muitos pesquisadores sobre o tema, e, por isso, não nos restam dúvidas sobre a interioridade da motivação.

A motivação está relacionada ao trabalho em si, ao prazer de fazer algo e aos desafios enfrentados para alcançar a excelência em resultados naquilo que se gosta de fazer. Em contraste, recompensas extrínsecas são capazes de condicionar comportamentos que poderão resultar na satisfação do funcionário, porém, às vezes, o preço cobrado é um elevado grau de estresse, um individualismo exacerbado, uma ambiência ameaçadora ou até mesmo um grau de insatisfação capaz de reduzir a motivação do indivíduo.

Os gerentes ocupam um lugar estratégico para a promoção da motivação nas organizações. Por isso, Thomas (2010) recomenda aos gerentes as seguintes ações:

- *estimular uma noção de significado* – estabelecer uma visão organizacional atraente e ajudar os empregados a identificarem suas paixões no trabalho. Isso fornece bases para a construção de uma possível carreira, um objetivo que merece seus esforços e é importante para o futuro da organização;
- *liderar pela escolha* – promover a autonomia para que o próprio empregado selecione tarefas que façam sentido para ele e permitir que a pessoa escolha a melhor maneira de fazer suas atividades;
- *promover uma noção de competência* – prescrever desafios para que a pessoa sinta uma sensação de maior competência ao vencê-los. Para isso deve ser disponibilizado apoio, treinamento e *feedback* sincero de desempenho;
- *aumentar a noção de progresso* – cientificar o empregado dos avanços que consegue no trabalho e imediatamente recompensá-lo com incentivos. Com isso, o funcionário percebe que sua dedicação e seu tempo estão sendo bem aplicados, porque consegue avançar nas etapas do seu trabalho e atingir o objetivo almejado. Incentivo imediato, por exemplo, pode ser uma bonificação única de R$ 100 ou R$ 200; entretanto, recompensas simbólicas, como o elogio público, são mais indicadas. Não é a recompensa o mais importante; o fundamental é o funcionário sentir que está sendo bem-sucedido na execução da tarefa. Convém lembrar que recompensa extrínseca vicia o empregado.

Caro leitor, até agora analisamos o comportamento condicionado e os riscos da sua utilização indiscriminada, além de refletirmos sobre a motivação e ações gerenciais no sentido de despertá-la. A seguir entraremos no campo das teorias gerais e das teorias organizacionais sobre motivação.

Teorias gerais sobre motivação

As teorias classificadas como gerais tratam da motivação como um fenômeno humano; esforçam-se para compreender o que leva pessoas a se sentirem motivadas para empregar suas energias nisso ou naquilo, não concentram suas atenções no trabalho em si ou em comportamentos gerais exibidos no interior das organizações. Então, amigo leitor, você está sentado confortavelmente? A ambiência é silenciosa? Tem disponível papel e caneta ou um *notebook* para anotações? Tem um copo com água disponível? Sua fome está saciada? Dormiu bem? Caso tenha respondido sim para as questões formuladas, então você está em excelentes condições para adentrar no mundo fascinante das teorias motivacionais. Concentre sua atenção, liberte sua imaginação e venha conosco. Vamos começar por Maslow.

Hierarquia de necessidades – Maslow

O psicólogo clínico Abraham Maslow arquitetou sua teoria com base em estudos empíricos e científicos. Reuniu experimentos e analisou dados ao longo de 25 anos sobre pessoas de diversos graus de sanidade mental, para afirmar que os seres humanos possuem cinco grandes grupos de necessidades. Segundo ele, essas necessidades têm origem genética e por isso estão presentes em todos os seres humanos. A forma de apresentar as necessidades é uma pirâmide hierarquizada. Da base para o topo são colocadas as necessidades fisiológicas, de segurança, sociais, de estima e de autorrealização. As necessidades mais próximas do topo da pirâmide influenciam a motivação caso as necessidades de mais baixa hierarquia estejam razoavelmente satisfeitas. Vale salientar que a autorrealização nunca é alcançada plenamente (Wagner III e Hollenbeck, 2009). No quadro 2, identificamos as necessidades humanas e suas respectivas descrições.

Quadro 2
A HIERARQUIA DE NECESSIDADES SEGUNDO MASLOW: DAS MAIS ELEVADAS ÀS MAIS BÁSICAS

Necessidades de autorrealização	Correspondem à possibilidade de os indivíduos serem aquilo que podem ser. Como referido pelo autor, "what a man can be, he must be". Caso as necessidades de autorrealização não sejam satisfeitas, tenderão a resultar em desordens psicológicas e emoções negativas. É evidente que cada pessoa satisfaz suas necessidades de autorrealização de formas diferentes.
Necessidades de estima	Pessoas com um emprego estável, razoavelmente remuneradas e com um relacionamento social satisfatório podem mesmo assim sentir-se frustradas. A explicação está no fato de desejarem alcançar o respeito e a estima dos outros, o que implica a possibilidade de desenvolverem e afirmarem a autocapacidade e não experimentarem sentimentos de inferioridade ou de vulnerabilidade.
Necessidades sociais ou de amor	Referem-se à busca de relacionamentos interpessoais e sentimentos recíprocos, ou, como o autor afirma, "a dar e receber amor". Embora sua formulação inicial apenas se referisse ao amor, Maslow alargou mais tarde esta categoria para incluir necessidades sociais.
Necessidades de segurança	Maslow nota que, no caso das sociedades desenvolvidas, as necessidades de segurança da maioria dos adultos estão razoavelmente preenchidas. No caso do trabalho, essa necessidade encontra expressão, por exemplo, no desejo de um emprego estável ou numa poupança bancária. Em circunstâncias sociais indesejáveis, essas necessidades podem, no entanto, ser importantes, como é o caso de sociedades violentas.
Necessidades fisiológicas	Incluem a fome e a sede, o sexo (distinguido, pelo autor, do amor e da autoestima) e o sono. Referem-se ao nível mais elementar da existência humana.

Fonte: adaptado de Cunha et al. (2007:156).

Para Vecchio (2008), apesar de a teoria ser pioneira e precursora das teorias contemporâneas, por ter identificado os grupos de necessidades humanas e a existência de uma hierarquia entre eles, Maslow não conseguiu comprovação empírica suficiente e não apresentou medidas objetivas dos seus conceitos. Nesse sentido, Cunha e colaboradores (2007) apresentam as seguintes críticas:

- a hierarquia de necessidades proposta é mais representativa do individualismo de certas culturas. Em culturas coletivas o bem-estar coletivo é posicionado em lugar de importância essencial;
- as pessoas podem hierarquizar as necessidades de maneiras diferentes. Há indivíduos que colocam a necessidade de estima como sua principal necessidade;
- uma necessidade satisfeita pode ser meio para o alcance de outras. Uma pessoa pode colocar as necessidades sociais no plano básico, pois por meio delas pode satisfazer necessidades fisiológicas ou de segurança. Por exemplo, a pessoa pode estruturar uma rede de relacionamentos – network – para aumentar a segurança de ter contínuas oportunidades de trabalho;
- há a possibilidade de ultrapassagem do nível da autorrealização. Pessoas podem colocar os interesses comunitários acima de seus interesses pessoais. Inclusive, esse é um objetivo dos líderes transformacionais.

Mesmo assim, com suporte na teoria de necessidades, o gerente deve ficar alerta para as necessidades de seus funcionários. Por exemplo, se você constata que as necessidades básicas da sua equipe não estão satisfeitas, o dinheiro que irá suprir essas deficiências poderá se constituir em elemento motivador extrínseco significativo. Até porque o dinheiro também sinaliza prestígio e, dessa maneira, torna-se um meio para a satisfação de necessidades sociais.

ERG (existenciais, relacionamentos e crescimento) – Alderfer

A teoria elaborada por Alderfer agrupa as necessidades abordadas por Maslow da seguinte forma: a necessidade de existência compreende as fisiológicas e as de segurança; a necessidade de relacionamento abrange as sociais e as de autoestima; e a necessidade de crescimento abraça as necessidades de autorrealização. O ponto fundamental dessa teoria é a ideia de que as pessoas podem estar motivadas por necessidades de existência, relacionamentos e crescimento simultaneamente. Outro aspecto importante é o fenômeno da regressão. Por exemplo, um funcionário que vê seguidamente frustrados seus esforços para ser promovido pode continuar motivado pelo fato de seus subordinados admirarem sua extrema competência técnica (Schermerhorn, Hunt e Osborn, 1999).

Essa teoria orienta a gerência das organizações para o fato de que é importante estimular permanentemente a satisfação das necessidades existenciais, de relacionamento e de crescimento. Isto porque uma pessoa movida por autorrealização também pode estar motivada por necessidade de segurança. Por outro lado é verdadeiro supor uma pessoa buscando qualidade nos seus relacionamentos e, também, procurando fazer tarefas autorrealizadoras (Krumm, 2005).

Equidade – Adams

As contribuições das pessoas e seus resultados servem de referência para avaliar subjetivamente a justiça do tratamento recebido da organização. Alguns exemplos de contribuições são os seguintes: esforço, tempo, competências e comprometimento. Isso porque há a crença de que os resultados serão proporcionais às contribuições dedicadas para a execução das atividades. Já os resultados, por exemplo, significam: reconhecimento, salário e incentivos financeiros, benefícios, permanência no emprego e punições. O empregado, além de comparar suas contribuições com os resultados obtidos pela empresa, também se compara com outros profissionais que se encontram em situação similar, para verificar se está equânime o quociente de suas próprias contribuições e resultados e o mesmo quociente de outras pessoas de referência (Bateman e Snell, 1998).

Empregado compara seus $\left[\dfrac{\text{resultados}}{\text{insumos}}\right]$ com $\left[\dfrac{\text{resultados}}{\text{insumos}}\right]$ do empregado selecionado como referência

Os pontos de referência usados pelos funcionários para realizar comparações são "o outro", "o sistema" e "o próprio". A categoria "o outro" abrange pessoas que desempenham atividades semelhantes. Já a categoria "o sistema" representa políticas organizacionais de gestão de pessoas e sua aplicação, principalmente os precedentes praticados pelas gerências. Por último, a categoria "o próprio" reproduz a relação entre as contribuições do empregado e seus resultados.

Quando a percepção é de justiça, o empregado tende a ficar satisfeito com o tratamento que recebe da organização. Se a sensação é de injustiça, a tendência é que se forme um quadro de desconforto psicológico e, em função disso, o empregado se motive para buscar um novo ponto de equilíbrio.

Schermerhorn, Hunt e Osborn (1999) relatam as principais ações praticadas pelas pessoas para encontrar um novo ponto de equilíbrio, a saber:

- *reduzir seu desempenho* – para ficar igual ao do outro;
- *pedir um aumento* – já que apresenta mais resultados, é justo receber mais recompensas;
- *passar a se comparar com outra pessoa* – adotando como referência pessoas com resultados semelhantes;

- *aceitar que a diferença é temporária* – fulano alcançou tal resultado porque o mercado foi favorável ou alguém ajudou, mas isso não dura para sempre;
- *fazer com que as outras pessoas trabalhem mais* – cobrar dos outros um desempenho mais elevado. Como consequência, será louvado pelo chefe e, em contrapartida, será odiado pela maioria dos colegas;
- *pedir transferência ou demissão* – acontece quando o funcionário não consegue suportar a percepção de injustiça.

A teoria da equidade indica para a remuneração injusta, segundo Robbins (2009), as seguintes proposições:

- *pagamento por tempo* – os funcionários super-remunerados vão produzir mais do que os pagos com equidade. Esse aumento da qualidade ou quantidade reequilibra a relação entre contribuições e resultados;
- *pagamento por volume de produção* – os funcionários super-remunerados vão produzir menos unidades, porém de melhor qualidade, do que os pagos com equidade. O aumento do volume será evitado, pois aumenta a percepção de injustiça porque eleva a remuneração. O maior esforço vai para a melhoria da qualidade;
- *pagamento por tempo* – os funcionários sub-remunerados vão produzir menos ou com menor qualidade. O esforço será reduzido, o que resulta em pior qualidade ou produtividade reduzida, se comparados com os pagos com equidade;
- *pagamento por volume de produção* – os funcionários sub-remunerados produzirão grande quantidade de unidades de baixa qualidade, em comparação com os pagos com equidade. Trocar maior quantidade por qualidade menor vai promover maior remuneração, com pouco ou nenhum aumento na contribuição.

Teorias organizacionais

As teorias classificadas como organizacionais focam o comportamento dentro das organizações. Então, o interesse recai sobre as atividades laborais realizadas pelos empregados para o alcance de objetivos empresariais. Essas teorias exigem especial atenção dos administradores, pois dão contribuições essenciais para a gestão da motivação nas empresas.

Caro leitor, se está cansado pare um pouco, estabeleça um intervalo de 15 minutos. Vá à janela olhe a rua e observe as pessoas. Elas estão motivadas para fazer alguma coisa e seguem para atingir seus objetivos. Muitas vão para ou voltam do trabalho, ou até mesmo estão trabalhando. Estão motivadas procurando satisfação para suas necessidades internas ou externas. Por que e como isso acontece? Achou algumas respostas? Acreditamos que sim. Nesse caso volte para o livro, pois vamos procurar construir um quadro mais completo com o que dizem as teorias. De início vamos compreender a teoria da satisfação e insatisfação no trabalho.

Teoria dos dois fatores – Herzberg

Frederick Herzberg afirmava que satisfação e desempenho elevados no cargo estão relacionados com o atendimento das necessidades motivacionais do funcionário. A insatisfação e a satisfação não são extremidades de um contínuo; em verdade são conceitos diferentes. A insatisfação é provocada pelo atendimento insuficiente dos fatores higiênicos, que se manifestam no ambiente de trabalho e abrangem a qualidade da supervisão, as relações interpessoais, as condições físicas de trabalho, as políticas e a gestão da organização, os benefícios e a segurança na função. Quando os fatores higiênicos estão atendidos, as pessoas não apresentam elevado grau de insatisfação. Ao contrário, a insatisfação das pessoas é esperada se esses fatores não forem atendidos (Krumm, 2005).

A autora ainda acrescenta que a motivação só brilha quando os fatores motivacionais estão razoavelmente atendidos. Esses fatores estão relacionados com a tarefa do funcionário e incluem autonomia, prazer na realização do trabalho, desafios e responsabilidade e recompensas por resultados. Finalmente, há um aspecto importante a destacar: o oposto de satisfação é nenhuma satisfação, e não insatisfação, como se poderia imaginar. O mesmo acontece com o oposto de insatisfação que é nenhuma insatisfação, e não satisfação.

Essa teoria recebe diversas críticas. A primeira é que, testada com outros métodos, não reproduziu o mesmo resultado, e isso é um problema grave no plano científico, pois a abordagem científica requer a confirmação da teoria quando examinada de diferentes formas. A segunda é a alegação de que a amostra estudada não representa o conjunto de trabalhadores das organizações, porque foi composta somente de engenheiros e contadores. A terceira é que ela não considera as diferenças individuais. Por exemplo, supõe que o salário assume a mesma importância, independentemente de experiência, idade, sexo, competências dominadas e importância estratégica do trabalho. Por último, a teoria não estabelece a relação entre satisfação e motivação (Schermerhorn, Hunt e Osborn 1999).

A teoria de Herzberg, apesar das críticas, deu importantes contribuições. A primeira é a diferença entre recompensas intrínsecas (fatores de motivação) e recompensas extrínsecas (fatores higiênicos). Os gestores devem lembrar a importância das recompensas intrínsecas na geração da motivação para o trabalho. A segunda é a pavimentação do caminho para enriquecimento da função, por onde posteriormente passaram teorias mais elaboradas, como, por exemplo, a teoria das características da função, desenvolvida por Hackman e Oldham e analisada logo adiante (Bateman e Snell, 1998).

Correlação entre Maslow e Herzberg

Conforme pode ser visto na figura 2, a teoria de Maslow propõe a existência de necessidades humanas organizadas de forma hierarquizada. Os grupos de necessidades superiores motivam as pessoas quando as necessidades de base estão razoavelmente atendidas. Mas todas teriam poder para iniciar o processo motivacional na procura pela satisfação dessas necessidades. Herzberg, por sua vez, defende que necessidades fisiológicas, de segurança e sociais, quando satisfeitas, apenas evitam a insatisfação. A motivação só acontece quando as pessoas apresentam necessidades relacionadas com o ego (estima) e autorrealização (desenvolvimento do potencial).

Figura 2

CORRELAÇÃO ENTRE AS TEORIAS DE MASLOW E DE HERZBERG

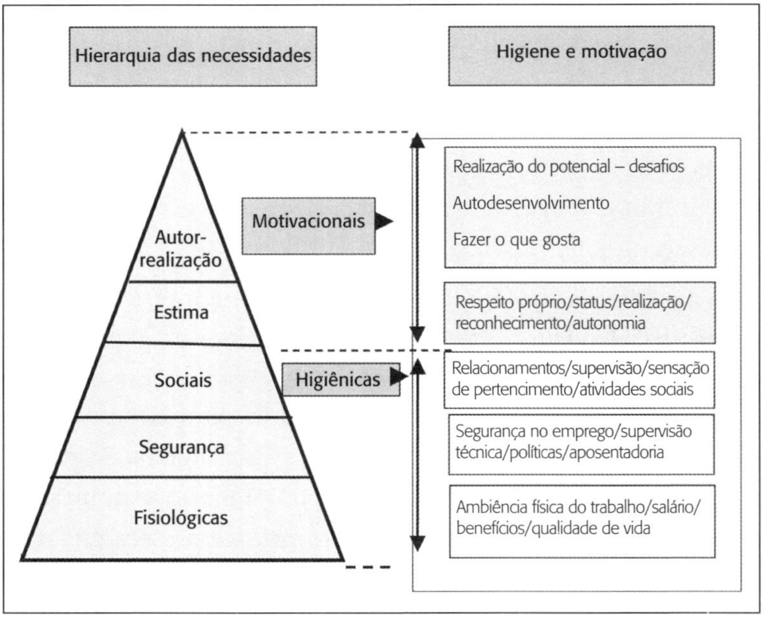

Caro leitor, as teorias de Maslow e de Herzberg permitem diferenciar claramente objetivos da gestão de pessoas, quando se trata de impedir a insatisfação e promover a motivação. Para atingir a meta de impedir a insatisfação, a organização deve agir para manter ou melhorar a ambiência na qual as atividades são realizadas, com ações tais como diversificar benefícios, melhorar a qualidade dos relacionamentos e das instalações físicas. No caso de a meta ser o desenvolvimento da motivação, a empresa deve apontar seus esforços para tarefas desempenhadas pelos empregados, por exemplo, proporcionar desafios, abertura para participar das decisões relacionadas com o trabalho e implantar a meritocracia.

Teoria das características da função – Hackman e Oldham

Richard Hackman e Gary Oldham desenvolveram a teoria das características do cargo. Eles afirmam que há elementos fundamentais da função ou cargo que promovem a motivação e a satisfação dos empregados (Spector, 2010). Essa é uma informação estratégica para os gerentes, já que necessitam saber como as características da função atingem os empregados (Cohen e Fink, 2003).

A teoria em tela afirma que a motivação pode ser elevada com a participação efetiva do funcionário na concepção de seus processos de trabalho. Também promove efeito semelhante o alto grau de autonomia na monitoração da execução e na escolha de ações corretivas para garantir o alcance dos resultados planejados. Por outro lado, os feedbacks constantes sobre o desempenho das pessoas são elementos essenciais para a manutenção da motivação. Assim, os gestores são diretamente responsáveis pela criação das circunstâncias favoráveis ao aparecimento e à permanência de comportamentos motivados nos integrantes de suas equipes.

As pesquisas realizadas registraram cinco fatores denominados "características essenciais da função", que são necessários para a satisfação e motivação no trabalho. Esses fatores isoladamente fazem parte de um *continuum* e aqui são comentados, com base em Robbins, Judge e Sobral (2010):

- *variedade de habilidades* – num extremo do *continuum*, a execução de tarefas diversificadas exige várias habilidades e capacidades. No extremo oposto, são requeridas poucas habilidades em rotinas diárias. Como exemplo da primeira situação, imaginemos um médico trabalhando na emergência de uma empresa de saúde, que pode dar atendimento inicial desde queimaduras até insetos dentro do ouvido do paciente, passando por politraumatizados em acidentes de trânsito. Para a segunda situação, pense em um auxiliar de serviços gerais que faz a limpeza de quartos, corredores e banheiros de hospitais;
- *identidade da tarefa* – no lado mais complexo do *continuum*, o profissional é capaz de realizar várias etapas da elaboração de um produto ou até mesmo realizar o processo completo. Por exemplo, fazer um brinquedo para crianças cuidando desde os insumos até acabamento final, embalagem e entrega direta ao cliente. No lado simples, o trabalhador executa apenas uma operação de baixo grau de complexidade, tal como fazer apenas as rodas de madeira do brinquedo ou somente colocar o brinquedo na embalagem;
- *importância da tarefa* – no patamar mais elevado o empregado realiza tarefas que exercem forte efeito sobre a vida cotidiana de pessoas, grupos e até mesmo da coletividade, como no caso de ser responsável pela seleção de empregados ou exercer a profissão de professor ou, ainda, a de juiz do trabalho. No nível mais baixo o trabalhador exerce responsabilidade de pouco ou nenhum impacto sobre as outras pessoas. Como exemplo,

temos a funcionária que distribui senhas para atendimento médico. Esse fator é apontado em análise realizada por Fried e Ferris (1987) em mais de 200 estudos, como o de relação mais forte com o desempenho no trabalho;

- *autonomia* – no grau máximo desse fator, a pessoa tem autonomia total sobre suas atividades, desde a identificação da necessidade de sua atuação até a avaliação final do trabalho executado. Tal como um engenheiro de segurança industrial, que analisa riscos para a segurança de empregados, decide os procedimentos necessários e constata a redução de fatores de risco. No grau mínimo, a pessoa não possui nenhuma autonomia; qualquer ação necessariamente é precedida de autorização superior. É o caso de um operário que faz seu trabalho conforme procedimentos rígidos e, no caso de uma situação anômala, deve relatar ao chefe para receber orientações específicas;
- *feedback* – no extremo mais elevado do *continuum*, as pessoas recebem informações constantes sobre seu desempenho. É a realidade de professores de instituições educacionais, que recebem avaliações formais e informais da instituição, do coordenador do curso e de alunos, a cada turma trabalhada. No extremo mais baixo, os trabalhadores raramente tomam conhecimento do resultado alcançado pelo trabalho executado. É a situação vivenciada por empregados liderados por gestores despreparados, que não dão importância à necessidade de o trabalhador ser informado sobre o próprio desempenho.

Segundo Cunha e colaboradores (2007:164),

> a presença (ou ausência) de cada uma destas cinco dimensões pode ser aferida através de um questionário padronizado chamado JDS (*job diagnostic survey*), incluído no livro de Hackman

e Oldham. Os resultados obtidos podem, por sua vez, servir para calcular o potencial motivador da função.

A avaliação do potencial motivador da função é feita por meio de uma fórmula elaborada por Hackman e Oldham (1976) denominada "pontuação do potencial de motivação" (PPM). Em seguida apresentamos a mencionada equação.

$$PPM = \left[\frac{\text{variedade de habilidade} + \text{identidade da tarefa} + \text{importância da tarefa}}{3}\right] \times \text{autonomia} \times \text{feedback}$$

Para que uma tarefa tenha grande potencial de motivação é indispensável que apresente pontuações elevadas em autonomia e feedback, e, também, na variedade de habilidade e na identidade ou na importância da tarefa (Robbins, 2009).

Uma pontuação baixa em variedade de habilidade pode ser compensada por resultado elevado na identidade ou na importância da tarefa. Mas não haverá motivação para fazer as atividades de determinada função se não houver feedback ou autonomia ou, ainda, se for zero o escore do grupo variedade de habilidade, identidade da tarefa e importância da tarefa – porque $0 \times 0 \times 0 = 0$ – (Vecchio, 2008).

As dimensões centrais do cargo influenciam positivamente a motivação porque produzem os estados psicológicos críticos, que são explicados a seguir, com alicerce em Bowditch e Buono (2006).

- *Significado do trabalho* – É o nível de valorização do trabalho, atribuído pelo seu executor. Essa percepção depende da variedade de habilidades, identidade e importância do trabalho. É o caso de um consultor interno em gestão de pessoas. Esse profissional pode participar de diversos projetos envolvendo assuntos diferentes ao mesmo tempo, encontrando, assim, oportunidade para empregar várias habilidades na realização de suas responsabilidades. A atuação do consultor se dá desde o início do projeto até a avaliação final, contemplando a necessidade de identidade da tarefa. Por último, a significância da função também é atendida, porque ele percebe que a vida das pessoas é impactada pelo seu trabalho. Portanto, esse profissional tende a julgar sua função como de alto significado. Esses fatores e demais aspectos da teoria são vistos na figura 3.

Figura 3

O MODELO DAS CARACTERÍSTICAS DA FUNÇÃO

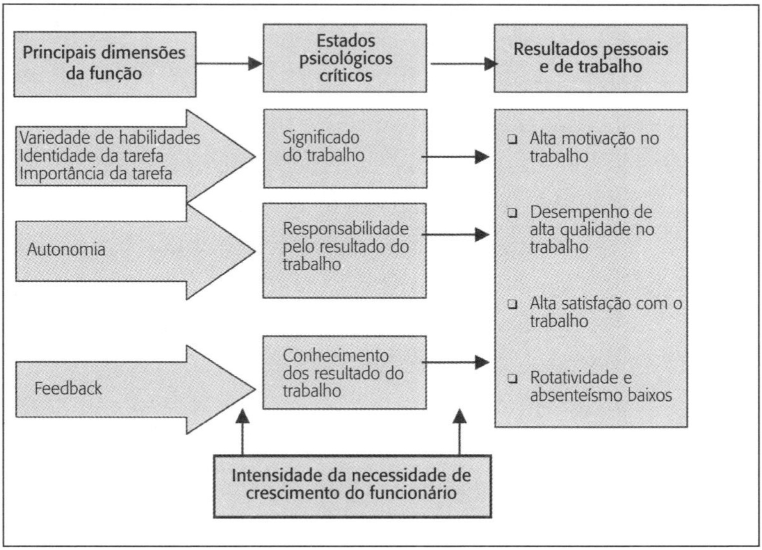

Fonte: adaptado de Hackman e Oldham (1980:79-80).

- *Responsabilidade pelo resultado do trabalho* – Refere-se ao grau de percepção da responsabilidade individual pelo alcance de objetivos do trabalho. É influenciado pela sensação de autonomia experimentada pelo funcionário, tal como ocorre com um engenheiro fazendo os cálculos estruturais para dimensionar as fundações de um edifício residencial. Ele sabe que, após sua assinatura, a construção será iniciada e muitas vidas dependerão do acerto de seus cálculos. Assim, há condições para que a pessoa possa desenvolver alto senso de responsabilidade. Porém, quando o profissional sabe que após seu trabalho ainda haverá duas verificações e as autorizações do diretor de engenharia e do presidente da empresa, a tendência é que desenvolva menor grau de responsabilidade pelos resultados do trabalho que executa.

- *Conhecimento dos resultados do trabalho* – É o grau de percepção do empregado acerca da eficácia no desempenho de suas responsabilidades laborais. Um vigoroso processo de feedback é essencial para desenvolver esse estado psicológico crítico.

A motivação para o trabalho é influenciada pelos três estados psicológicos críticos que acabamos de descrever. De sua parte, esses estados sofrem influência das cinco dimensões centrais da função. Então, caso as características da função sejam adequadamente projetadas, as pessoas tenderão a ser mais motivadas, mais satisfeitas e mais produtivas, e também haverá queda na rotatividade e no absenteísmo (Robbins, 2009). Um esclarecimento importante deve ser feito: a satisfação das pessoas é tratada no plano geral porque um posto de trabalho com forte potencial motivador não melhora o nível de satisfação com o superior hierárquico ou com a remuneração (Cunha e colaboradores, 2007).

As dimensões do trabalho realizado e os resultados alcançados são mediados pela vontade que a pessoa tem de se desenvolver – nível elevado de autoestima e autorrealização (Bowditch e Buono, 2006). A força da necessidade de crescimento do empregado atua como fator moderador. Por exemplo, um cargo com alto potencial motivador ocupado por empregado com baixa necessidade de crescimento vai ser operacionalizado com baixa motivação, satisfação e eficácia. Outra variável relevante é a capacidade – conhecimentos e habilidade – de a pessoa exercer as tarefas do cargo. Se uma pessoa não atende a essas exigências, por mais motivada que esteja não conseguirá apresentar desempenho elevado. Uma última variável deve ser considerada: a satisfação com o contexto do trabalho. Em uma situação de constante ameaça de demissão, ou alta insatisfação com a chefia, ou, ainda, de recompensas injustas, é muito improvável que um projeto de enriquecimento do cargo estruturado nesse modelo registre resultados positivos (Cunha et al. 2007).

Etapas para aplicar o modelo de características da função

O processo de aplicação do modelo de características da função envolve as seguintes etapas, conforme Kinicki e Kreitner (2006):

1. *Identificar o grau de motivação do funcionário e da sua satisfação no emprego:*
   A função é indicada para redesenho quando a motivação do funcionário varia de baixa a moderadamente alta. A aferição da intensidade da motivação pode ser feita por meio de pesquisas realizadas com foco nos funcionários;

2. *Adequar os funcionários ao redesenho:*
- aumentar o grau de autonomia dos funcionários;
- dispor conhecimentos e ajudar a desenvolver as habilidades exigidas pela função enriquecida com novas atividades;
- agir, se necessário, para que a satisfação no emprego seja de média a alta;

3. *Aumentar as características do cargo que foram avaliadas com escores baixos:*
   A participação do funcionário é indispensável para determinar os detalhes do redesenho. Quem melhor conhece o trabalho é quem o realiza; portanto, no momento de elevar

baixas avaliações constatadas nas características de determinados cargos, não deixe de envolver as pessoas que exercem essas funções na empresa. Os próprios executores dirão se as modificações serão boas para elevar a motivação intrínseca, a quantidade e a qualidade do trabalho e reduzir o absenteísmo e a rotatividade.

Por fim, o modelo de características da função, segundo as pesquisas realizadas, dá melhor resultado quando aplicado em organizações de menor complexidade. De maneira geral, o aumento de produção pode oscilar com a mesma frequência entre elevações ou reduções, mas a qualidade do trabalho, a satisfação no trabalho e o absenteísmo obtêm melhorias significativas (Kinicki e Kreitner, 2006).

Teoria do processamento social da informação – Salancik e Pfeffer

Salancik e Pfeffer (1978) elaboraram uma teoria cuja ideia central é que as pessoas adotam determinados comportamentos em função de como percebem suas atividades, e não de como elas são realmente. Os funcionários constroem suas percepções a partir das informações sociais emitidas pelas pessoas da sua rede de contatos. Portanto, os gestores devem investir tempo para construir e reforçar a percepção positiva que seus empregados possuem de suas atividades. Para isso, é preciso reforçar a importância delas, por exemplo, deixando explícito que a garantia da sustentabilidade organizacional e o próprio desenvolvimento pessoal e profissional estão intimamente relacionados com o desempenho de suas atuais atividades. Também é relevante saber que novos empregados, novos componentes na equipe ou pessoas recém-promovidas são mais sensíveis às informações sociais passadas pelos outros funcionários daquela ambiência

(Robbins, 2009). Daí ser justificada especial atenção gerencial para as situações mencionadas.

As pessoas podem perceber uma mesma função de maneiras diferentes, do mesmo modo que em uma empresa determinado cargo tem muito valor e em outras, nem tanto. Por exemplo, a função de assessor na organização Alpha é vista como lugar de bajuladores e, por isso, é evitada a todo custo por pessoas competentes. De outra parte, na organização Beta essa mesma função é alvo de disputa acirrada entre profissionais de sucesso, pois carrega a imagem de um lugar que exige sólida experiência de mercado, conhecimento profundo da dinâmica sistêmica e setorial da organização e consistente lastro teórico. Por fim, lembramos que quando uma pessoa assume uma função ela traz consigo uma percepção formada por informações de outras e as expectativas geradas pela própria pessoa. Depois de iniciado o desempenho das tarefas do cargo, a pessoa que o ocupa pode alterar sua percepção pelo aprendizado adquirido ao longo do tempo, pelos feedbacks de colegas e chefe sobre seus resultados e, por último, pelas informações do contexto social do presente.

Teoria da definição de objetivos – Locke

As metas e intenções das pessoas estimulam a prática de comportamentos específicos (Spector, 2010). Nesse contexto, o objeto consciente do desejo de uma pessoa é chamado de meta. Por tratar de algo comum para todo e qualquer negócio, esta teoria tem larga aplicação no mundo empresarial, visto que não há organização que não tenha metas. Aqui o cerne da questão é saber como usar as metas corretamente, mesmo sabendo que assim condicionamos comportamentos para o trabalho.

Kinicki e Kreitner (2006) apontam, no modelo de Edwin Locke, quatro mecanismos com potencial para estimular pessoas, a saber:

- *as metas dirigem a atenção* – metas focam a atenção das pessoas para ações relevantes;
- *as metas regulam o esforço* – metas condicionam para a ação;
- *as metas aumentam a persistência* – metas tendem a fazer com que as pessoas percebam desafios como barreiras a serem superadas;
- *as metas estimulam as estratégias e os planos de ação* – metas ajudam a perceber a operacionalização de estratégias e planos de ação como um conjunto de ações encadeadas racionalmente na direção de um objetivo maior.

Contribuições da teoria para as lideranças

As metas são poderosas condicionadoras do comportamento humano. Então, as lideranças necessitam compreender como lidar com essa questão em suas equipes. Em primeiro lugar, diversos estudos comprovam que objetivos específicos e difíceis são eficazes para estimular as pessoas. Em segundo lugar, a participação dos empregados é especialmente recomendada quando há a possibilidade de resistência a desafios mais difíceis. Em terceiro lugar, a potência motivadora dos objetivos específicos e difíceis perde sua força caso os empregados não se comprometam com eles. Em quarto lugar, o feedback sobre o desempenho potencializa os efeitos motivadores de metas específicas e difíceis (Robbins, Judge e Sobral, 2010).

Aspectos negativos

Cunha e colaboradores (2007) mostram pontos negativos dessa teoria. Primeiro, depois de estabelecido um objetivo as pessoas se concentram nele e diminui a possibilidade da prática de outros comportamentos eventualmente relevantes. Por exemplo: definidas premiações somente individuais, a chance da permanência de comportamentos de apoio a colegas de equipe são drasticamente reduzidas. Segundo, se os funcionários não possuem as competências adequadas para a realização do trabalho, as metas perdem seu poder motivador. De nada adianta estabelecer a meta de transportar 10 toneladas por dia se o empregado não possui a competência suficiente para operar o caminhão. Por mais que esteja motivado ele não vai conseguir alcançar a meta. Terceiro, quando a pessoa precisa aprender uma tarefa complexa, o estabelecimento de objetivos tira a atenção do processo de aprendizagem e prejudica o desempenho. Finalizando o quadro, podemos acrescentar o caso de metas contraditórias, por exemplo, a meta de aumentar em 30% o volume de bicicletas produzidas é incompatível com a redução em 10% da quantidade de pneus.

Teoria das expectativas – Vromm

Desenvolvida por Victor Vromm, a teoria preconiza que as pessoas colocam mais energia na realização de suas tarefas quando possuem expectativas positivas sobre o futuro e quando são atraídas por resultados específicos (Vecchio, 2008). Então, a motivação é a energia empregada para realizar um trabalho que produz resultados valorizados pelo funcionário. Essa ideia sobre o significado da motivação supõe a existência de três conceitos essenciais para o entendimento da teoria, a saber: expectativas, instrumentalidade e valência. Tais conceitos são apresentados a seguir, com base em Robbins, Judge e Sobral (2010):

- *relação entre esforço e desempenho* – grau de percepção do empregado de quanto o esforço pessoal influenciará seu desempenho no trabalho. Por exemplo: se uma pessoa não sabe usar o software PowerPoint para fazer a apresentação de um projeto para a diretoria, a chance de produzir um material de qualidade é zero, não importa o quanto ela se esforce. Caso ela decida fazer um curso e praticar a elaboração de eslaides por uma semana, várias horas por dia, então a probabilidade de alcançar um bom resultado aumentará significativamente (alto esforço corresponde a esperança de excelência em resultados). Entretanto, se ela resolver tentar por conta própria e treinar uma semana somente uma hora por dia, a chance de obter resultado mediano ou baixo será grande (esforço baixo supõe expectativa baixa de conseguir excelência no resultado);

- *relação entre desempenho e recompensa* – é o valor subjetivo que indica o quanto um empregado acredita que seu desempenho irá influenciar em determinado resultado e o quanto é provável que ele venha a obter esse resultado. Por exemplo: um funcionário percebe que a empresa valoriza a meritocracia, então, ele passa a acreditar que quanto melhor o seu desempenho, maior será a chance de ele ser promovido;
- *relação entre recompensas e metas pessoais* – é o valor subjetivo que o empregado incorpora ao resultado específico do trabalho. Existem empregados que valorizam promoções em primeiro lugar. Outros colocam como principal objetivo aumentar recompensas financeiras. Outros mais preferem participar de uma equipe de alto desempenho cujo objetivo seja encontrar soluções inovadoras e para alguns outros, a capacitação ocupa o centro de suas preocupações. Então, uma promoção terá um valor diferente para eles, podendo, até mesmo, ser vista como algo ruim.

O quadro 3 mostra as "implicações gerenciais e organizacionais da teoria da expectativa".

Quadro 3
IMPLICAÇÕES GERENCIAIS E ORGANIZACIONAIS DA TEORIA DA EXPECTATIVA

Implicações para a gerência	Implicações para a organização
Determine os resultados que os funcionários valorizam.	Recompense as pessoas pelo desempenho desejado e não mantenha segredo sobre decisões de pagamento.
Identifique o bom desempenho, de modo que comportamentos adequados possam ser recompensados.	Projete cargos desafiadores.
Confira se os funcionários podem atingir os níveis-alvo de desempenho.	Vincule algumas recompensas a realizações de grupo para construir trabalho de equipe e incentivar a colaboração.
Associe resultados desejados aos níveis-alvo de desempenho.	Recompense os gerentes pela criação, monitoramento e manutenção de expectativas, instrumentalidades e resultados que levem ao alto esforço e à realização da meta.
Confira se as mudanças em resultados são grandes o suficiente para motivar o alto desempenho.	Monitore a motivação do funcionário fazendo entrevistas ou questionários anônimos.
Monitore o sistema de recompensa para detectar iniquidades.	Acomode as diferenças individuais promovendo a flexibilidade no programa de motivação.

Fonte: transcrito de Kinicki e Kreitner (2006:187).

Caro leitor, depois de ver diversas teorias e ter contato com ideias fundamentais para promover a motivação, agora é tempo de conectar esses conhecimentos em um modelo estruturado, que une motivação e desempenho. É uma oportunidade de significado teórico e prático, pois veremos como teorias podem ser integradas para relacionar processos motivacionais, comportamentos motivados e desempenho.

Modelo de motivação para o desempenho no trabalho

O modelo de motivação para o desempenho no trabalho desenvolvido por Mitchell (1982) é exposto por Kinicki e Kreitner

(2006). Considera várias abordagens teóricas e apresenta uma visão de processo que relaciona as causas com as consequências da motivação. Na figura 4, as contribuições individuais e o contexto do trabalho são apontados como causas fundamentais para influenciar a motivação.

Figura 4

UM MODELO DE MOTIVAÇÃO PARA O DESEMPENHO NO TRABALHO

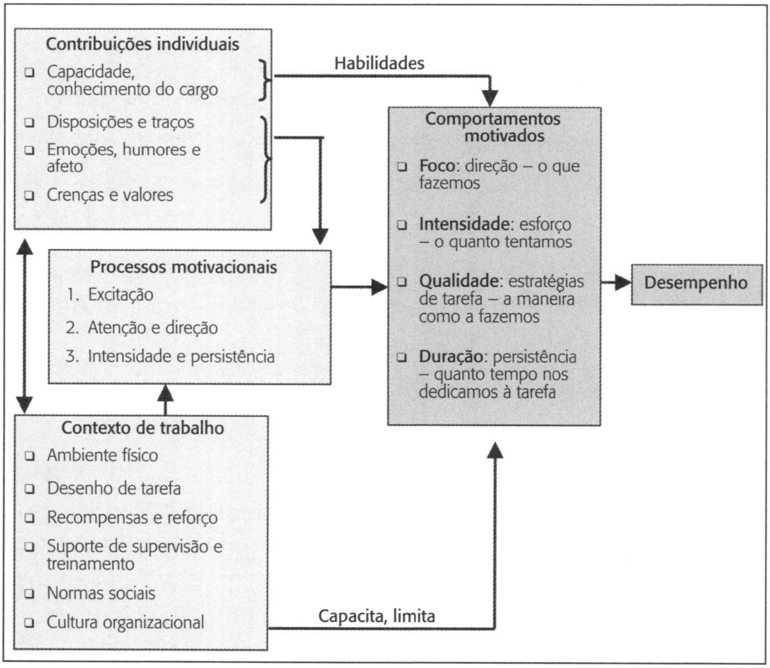

Fonte: adaptado de Mitchell (1982:80-88).

Nas contribuições individuais são destacados:

- *capacidade e conhecimento do cargo* – as capacidades mentais mais citadas são as seguintes: compreensão verbal, fluência numérica e espacial, memória, rapidez perceptiva e raciocínio indutivo. Aqui são consideradas as capacidades e as habilidades exigidas pelo cargo. Quando o empregado não tem as capacidades e a experiência adequadas ao desempenho das atividades a ele inerentes, a tendência é o desestímulo aos comportamentos motivados;

- *disposições e traços* – extroversão, concordância, consciência, estabilidade emocional e abertura a experiências. Características desses traços, tais como a pessoa ser sociável, assertiva, confiável, colaboradora, sincera, responsável, tranquila, imaginativa e curiosa influem positivamente na geração de processos motivacionais;
- *emoções, humores e afeto* – as emoções negativas promovem o enfraquecimento dos processos motivacionais. São elas: raiva, medo, ansiedade, culpa, vergonha, tristeza, inveja, ciúme e repugnância. As emoções positivas, tais como alegria, prazer, orgulho, amor, afeição e alívio impulsionam os processos motivacionais. O mau humor e o bom humor são contagiantes. O mau humor contribui firmemente para inibir os processos motivacionais; ao contrário, o bom humor fortalece a criação e manutenção desses processos;
- *crenças e valores* – quando a pessoa é orientada por crenças e valores focados no alcance de resultados construídos coletivamente, se o seu cargo for concebido para realizações isoladas é previsível um impacto negativo nos seus processos motivacionais.

No contexto de trabalho, todas as variáveis incluídas no modelo podem inibir ou estimular os processos motivacionais, bem como capacitar ou limitar o potencial de contribuição da ambiência para a geração e manutenção de comportamentos motivados. As mais importantes são as seguintes:

- *ambiente físico* – perigo iminente de acidentes, temperaturas desconfortáveis, iluminação insuficiente, móveis e equipamentos inadequados e tecnologia ultrapassada não ajudam no desenvolvimento da motivação;

- *desenho de tarefa* – é uma arquitetura de tarefas funcionando como um processo integrado, com cada pessoa agregando valor para o resultado final. Essa maneira de organizar o trabalho atinge a motivação de forma positiva;
- *recompensas e reforço* – a motivação perde totalmente seu vigor, ou não floresce, numa ambiência na qual os reconhecimentos e as recompensas são distribuídas em decorrência de amizades ou tráfico de influência. A percepção de injustiça é muito negativa nessa área;
- *suporte de supervisão e treinamento* – o exercício do poder praticado no sentido de apoiar os empregados, disponibilizando insumos para a realização de suas tarefas, estruturando as condições para o desenvolvimento de competências exigidas para o alcance das metas é um importante ponto de apoio para fortalecer o processo motivacional;
- *normas sociais* – uma ambiência autoritária, alicerçada em normas arbitrárias, criadas e modificadas ao sabor dos poderosos de plantão é um vetor que ajuda a impedir a motivação dos empregados;
- *cultura organizacional* – a cultura da empresa é produto da aprendizagem adquirida na resolução de desafios. Uma cultura inovadora pressiona as pessoas para a ação criativa, sempre admitindo novos caminhos para a solução de novos desafios.

Por último, as contribuições individuais e o contexto de emprego se afetam mutuamente. Se o empregado apresenta deficiências nas suas contribuições individuais, por melhores que sejam as variáveis do contexto do emprego, haverá impactos negativos nos processos motivacionais e nos comportamentos motivados. O contrário também é verdadeiro: uma pessoa com excelentes condições nas contribuições individuais terá sérias limitações para desencadear processos motivacionais e apresentar comportamentos motivados se as variáveis do contexto do emprego apresentarem condições insuficientes. E essas categorias-chave podem fortalecer ou enfraquecer os processos motivacionais dos funcionários.

Caro leitor, aqui e agora vamos lembrar algo que faz parte da nossa alma: as emoções. A história da humanidade pode ser relatada pelas emoções que moveram, movem e moverão pessoas, grupos e povos. A humanidade presenciou feitos monumentais porque havia o medo. Por exemplo, a muralha da China foi construída para evitar invasões de outros povos. O medo é uma emoção negativa que conduz para a fuga ou para o enfrentamento a qualquer custo. Nas organizações, o trabalho realizado por medo comparado com o trabalho executado por prazer revela resultados significativamente divergentes.

É nosso interesse trazer ao debate emoções que podem contribuir com a energização de processos motivacionais nas organizações. Então, relacionaremos emoções com motivação e abordaremos a inveja e o orgulho como suporte energético para disparar e sustentar comportamentos motivados.

Motivação e emoções

A palavra emoção vem de *emovere*, do latim. O *Dicionário de Psicologia Larrouse* diz que "emoção é aquilo que põe em movimento"; já a motivação vem de *movere*, também do latim – ambas compartilham a mesma raiz. Assim, a motivação está intimamente ligada às emoções. Estas se constituem no ponto que dá partida e sustenta o processo motivacional, até que a pessoa tenha sua necessidade satisfeita.

Bergamini (2008:126) afirma que

> nenhuma predisposição psicológica está tão permeada de emoções como aquela que diz respeito à motivação. O ser humano é motivado no sentido da busca de emoções positivas, bem como da fuga de emoções negativas.

As pessoas dedicam grandes quantidades de energia para vivenciar atividades prazerosas, tais como: ser reconhecido como o melhor profissional da empresa e ser homenageado pela presidência da organização na presença de grande quantidade de empregados; ser homenageado por descobrir uma solução simples e inovadora para um importante problema da organização; conseguir o reconhecimento da sua equipe de trabalho ou até fazer horas-extras durante todo o ano, assim mantendo o filho no judô da escola, para poder vê-lo receber a medalha de campeão. Em contraste, o indivíduo se esforça para não ser repreendido por ter feito um trabalho de qualidade inferior e, em razão disso, sua equipe não ter ganhado uma importante recompensa, ou faz de tudo para não aceitar desafios, com medo de fracassar.

Motivação e inveja

Shoeck (1969:1) conceitua inveja como "uma força que se situa no coração do homem como ser social e que se manifesta assim que dois indivíduos estão em condições de estabelecer uma comparação recíproca". Portanto, se no ambiente organizacional uma pessoa realizar uma comparação de si mesma com outros profissionais de referência e perceber injustiça na relação, sua motivação poderá ser impactada negativamente de modo devastador. Isso está previsto pela teoria da equidade. O indivíduo vai se motivar para corrigir a relação desigual, porém é necessário estar consciente de que a motivação sustentada pela inveja pode ter efeitos positivos ou negativos para o invejoso.

O mesmo autor sustenta que a essência da inveja é a necessidade humana de ser igual, de não aceitar as diferenças entre as pessoas. Então, a inveja é inevitável, pois a diversidade é um fato dentro das organizações. E, além disso, é uma condição altamente desejável, pois conduz ao respeito à diversidade, que embasa o trabalho em equipe e é valor ético fundamental. Parece que nos resta apenas saber como usá-la de maneira inteligente. Nesse sentido, tendo referência em Chanlat (1996), adiante apontamos as maneiras destrutivas e construtivas de usar a inveja como energia motivacional nas organizações.

Maneiras destrutivas de lidar com a inveja

- *Idealização* – Coloca a pessoa ou o grupo em posições inalcançáveis, em lugares impossíveis de atingir por meros mortais. A inveja diminui porque não há como comparar. Por exemplo, o gerente mantém suas pulsões de inveja controladas ampliando, além da realidade, as qualidades do seu chefe. Em oposição, aponta as tendências negativas do chefe para os bodes expiatórios. Acontece que ninguém consegue conviver indefinidamente em conformidade com expectativas desmedidas. Por isso, é necessário muito pouco para o chefe, o super-herói, ser arrancado do pedestal.
- *A retirada* – A pessoa se coloca na sombra, sai de cena. Em verdade, o abandono do palco de operações ocorre porque a pessoa não consegue tolerar a própria inveja. Por exemplo, um funcionário pede para sair da equipe porque não consegue conviver com colegas mais criativos, o que gera sentimentos de impotência e comportamentos de dependência. Por isso a pessoa nem entra em competição com ninguém e desvaloriza

a si mesma. Até mesmo quando essas pessoas conseguem um êxito profissional podem entrar em depressão, com medo da inveja dos outros e de, em consequência, sofrerem represálias.

- *A desvalorização* – É a maneira mais destruidora de lidar com a inveja. Os que se comportam dessa maneira são motivados pelo desejo de vingança ou podem experimentar uma indignação moral para justificar suas atitudes. Por exemplo, uma pessoa da equipe de um gerente centralizador usa sua rede de relacionamentos para chamar a atenção do seu superior hierárquico. Essa pessoa é amiga do diretor financeiro e consegue recursos para a equipe, coisa que o seu chefe não conseguiu, assim despertando a inveja dele. A partir daí o subordinado será perseguido até que o chefe consiga neutralizá-lo ou afastá-lo da equipe. Os gerentes que assim agem visam ao triunfo do rancor, porque sentem grande satisfação ao obter uma vitória pessoal sobre o subordinado metido a importante, dessa maneira recuperando o seu orgulho ferido.
- *A inveja entre gerações* – Podemos observar isso entre pais e filhos. Os pais adotam uma retidão moral procurando racionalizar suas decisões para impedir que os filhos gozem certos prazeres. Na verdade, são movidos pelo desgosto de, na juventude, não terem experimentos os prazeres agora permitidos pela sociedade. Encontramos situações semelhantes nas empresas, quando gerentes antigos presenciam jovens executivos obtendo sucesso em atividades que eles próprios não realizaram a contento. Com espírito vingativo colocam os jovens em situações de difícil solução, alegando que são oportunidades de aprendizado e valorização. Mas a verdade é que eles estão elaborando o contexto para dificultar ou até mesmo aniquilar a carreira dos novatos.
- *Outras estratégias defensivas* – Primeiro, o funcionário pode desvalorizar seus próprios resultados com medo da inveja dos

outros. Segundo, a pessoa pode alegar que o outro alcançou excelentes resultados, porém não foi ele quem fez. Terceiro, o empregado pode bajular o gerente como forma de camuflar de si mesmo os sentimentos invejosos.

Maneiras construtivas de lidar com a inveja

- *A busca da excelência* – Se a pessoa tem sucesso no alcance de seus objetivos, ela percebe que não há razão para invejar ninguém. Nas empresas contemporâneas, a busca da excelência é um mantra recitado à exaustão. Isso gera uma enorme concorrência entre pessoas, equipes e organizações. Então, essa forma construtiva de enfrentar a inveja cria motivação e pode levar a resultados espetaculares, apesar de aumentar o grau de individualismo.
- *A reparação* – É a maneira mais construtiva de enfrentar a inveja. Uma pessoa consciente de suas motivações e da capacidade destrutiva da inveja pode ajudar a eliminar o círculo vicioso da vingança. Então, a pessoa pode deixar de vivenciar sentimentos vingativos e passar a tentar ajudar quem a inveja.

Como manter a inveja nas organizações em níveis construtivos

Conforme Kets de Vries (1996), algumas ações podem ser praticadas nas organizações para conter a inveja em graus construtivos, a saber: reduzir tratamento diferenciado dispensado aos superiores hierárquicos; reduzir níveis hierárquicos; praticar a gestão participativa; reduzir diferenças salariais; adotar sistema de recompensas com base na meritocracia e evitar a exibição de bens de consumo de alto custo.

Motivação e orgulho

Katzenbach (2003:33) defende que "o orgulho é o ápice da emoção que vem com o bom desempenho e o sucesso". O autor destaca diferenças entre o orgulho egocêntrico e o orgulho institucional, como se segue.

O orgulho egocêntrico move as pessoas para o acúmulo de dinheiro e coisas materiais. Nesse caso, os talentos procuram as organizações que têm as melhores condições de suprir suas necessidades. Em contraste, esses profissionais são os primeiros a abandonar o barco quando as organizações passam por dificuldades para saciar seu apetite desmedido por recompensas financeiras. As armadilhas do orgulho egocêntrico, de acordo com Katzenbach (2003), são:

- recompensas financeiras atraem, retêm e condicionam comportamentos mais do que motivam para a excelência;
- recompensas financeiras serão eficazes enquanto você pagar mais que as empresas concorrentes;
- o foco no dinheiro dificulta a percepção do que é essencial, porque não é possível transformar facilmente ganho de curto prazo em valor duradouro;
- pessoas egoístas e individualistas podem ser desleais e conseguir vantagens em sistemas de recompensas financeiras;
- recompensas financeiras e títulos são mais eficazes no topo do que na base, porque as diferenças que têm valor agregado são mais percebidas;
- os comportamentos praticados com o objetivo de acumular coisas materiais normalmente passam a ser orientados pela ganância e pelo egocentrismo.

Prossegue o autor, afirmando que o orgulho institucional ou intrínseco move as pessoas para buscar a satisfação do cliente, aprovação dos colegas e líderes, desenvolvimento de competências e para melhoria das qualidades do trabalho. O orgulho institucional é nutrido pelo caráter e pelo compromisso emocional com interesses coletivos. Seus atributos básicos são a autodisciplina, os exemplos dos superiores hierárquicos e os valores da organização. Nas organizações, considerando os atributos anunciados, podemos dizer que o orgulho institucional é sustentado a partir da promoção da autonomia de funcionários, da preparação de gerentes para se tornarem exemplos de competência técnica e da prática de valores da organização, bem como da participação dos funcionários nas decisões, para, dessa forma, construir coletivamente os valores da empresa.

Caro leitor, como vê, teorias motivacionais possuem limitações e estão em evolução, porém, mesmo sabendo que o fenômeno da motivação não foi desvelado por completo, há diversas ideias que podem ser exploradas pelos gestores organizacionais no sentido de promover a motivação de funcionários. Destacamos para você quatro importantes categorias de análise, a saber: poder, comunicação, competência e emoção. Na linha do poder aprendemos que funcionários possuidores de autonomia para decidir sobre seu trabalho tendem a ter sua motivação aumentada. O mesmo acontece com os indivíduos que recebem informações constantes sobre seu desempenho. Pelo lado da competência, sabemos que as tarefas com maior potencial motivacional envolvem várias habilidades, formam um processo completo e impactam a vida cotidiana de pessoas, equipes ou sociedades. Por fim, são as emoções que movem a alma humana. O gatilho que inicia e mantém os processos motivacionais é acionado pelas emoções, razão pela qual saber facilitar a canalização das emoções dos empregados de modo construtivo pode trazer muitos benefícios para a organização.

No próximo capítulo você verá o tema liderança. É o líder da equipe o principal responsável pela estruturação e manutenção da motivação dos funcionários, mas não é só isso; a questão da liderança vai mais além. Vá adiante e saiba mais sobre gestão de pessoas.

Exercitando conceitos

Para você leitor, preparamos algumas questões para reflexão:

1. Como você diferencia a motivação do comportamento condicionado para o trabalho?
2. Como o gerente deve proceder para tornar a função do empregado potencialmente motivadora?
3. Como um empregado recém-admitido pode ficar, em pouco tempo, desmotivado?
4. Como a inveja pode promover a motivação de empregados?
5. O orgulho egocêntrico é positivo para as organizações?

3

Liderança

Este capítulo apresenta a você, leitor, a liderança como essência da gestão, seus conceitos e seus estilos. Trata das relações e tipos de poder, com ênfase naquele exercido pelos líderes. Formula um elenco de competências requeridas para o desenvolvimento da liderança e, por último, lança luz sobre o papel de educador do líder, com destaque para as posições de *coach* e de *mentor*.

Aspectos conceituais da liderança

Quando se fala de liderança, a época e os valores presentes dão o tom da conversa. Ao longo da história de conquistas, governos, organizações e de todas as formas de associação humana, definir a liderança e, ato contínuo, estabelecer as características que fazem de uma pessoa um líder, ou seja, alguém que é seguido sem maiores esforços, tem sido uma procura que nunca termina. Um ponto que hoje não carece de maiores discussões é o fato de que alguém que lidera hoje pode ser um seguidor amanhã, ou vice-versa, pois a dinâmica das organizações na contemporaneidade requer o aprendizado permanente, bem como o desenvolvimento dos líderes e de novas lideranças. Aqui vale lembrar Maxwell (2007) ao falar de equipe de líderes. Para o autor, uma equipe de líderes é mais eficiente que o líder único, sem falar que os líderes são necessários em todos os níveis, estão em permanente processo de desenvolvimento e, quando são bons líderes no escalão intermediário, a tendência é que se tornem melhores quando chegam ao topo.

Entendemos por liderança a arte de educar, orientar e estimular as pessoas a persistirem na busca de melhores resultados num ambiente de desafios, riscos e incertezas.

Liderar pode ser considerada uma tarefa simples para uns e difícil para outros. De qualquer forma, o talento para a liderança pode ser perceptível, como compara Bennis (apud Vergara, 2009:74), quando afirma: "liderança é como a beleza: difícil de definir, mas fácil de reconhecer".

Lembramos aqui a complexidade que envolve a arte de liderar. Você está de acordo com essa ideia?

Vianna (2003:11) aproxima-se dos valores morais e da cidadania quando postula o conceito de líder cidadão como sendo

> qualquer pessoa simples que esteja à frente de um empreendimento bem-sucedido da periferia, pequenos empresários, profissionais autônomos, gente comum que dá certo e que, dentre outros atributos, faça da ética seu maior valor, oriente suas ações para o bem e para a justiça social, pratique a sustentabilidade plena, faça acontecer, e envolva e instigue outras pessoas.

Em suma, é a liderança pelo exemplo. Yukl (1998) amplia a visão da liderança também para os seguidores, ao sugerir que a liderança é um processo de influência que pode ser exercido entre membros de um grupo,visto que um de seus integrantes pode influenciar a interpretação dos demais, suas escolhas, a organização das suas tarefas, o desenvolvimento das competências e da confiança, a obtenção de apoio e cooperação de pessoas que são externas ao grupo, entre outras ações.

Como se vê, em se tratando da liderança, são muitos os conceitos e as considerações.

Liderança: papéis e cenários

A sociedade de organizações e, mais especificamente, o mundo dos negócios, sempre requereu representantes, porta-vozes e supervisores. Comparações sobre as afinidades e os contrapontos dos papéis de chefe e de líder foram, e ainda são, palcos de boas discussões. Revisitando o significado desses dois papéis, propomos um *mix*, como segue:

- *chefe* – alguém investido de autoridade formal que ocupa cargo previsto na estrutura organizacional e que tem autonomia para representar, comandar e decidir, no âmbito da sua função;
- *gerente* – é a figura do chefe reforçada pelos conhecimentos técnicos específicos da sua área de atuação e pelo exercício pleno das funções administrativas;
- *gestor líder* – é aquele que, no exercício de qualquer função de comando permanente ou temporária, formalmente designado ou não, é capaz de influenciar a equipe e, sendo por ela legitimado, representá-la e conduzi-la em determinada situação, por exemplo, a coordenação de um projeto ou parte dele.

Será que todo gestor é lider, e todo líder ocupa uma posição de gestor? Provocamos você, leitor, a dar partida nessa corrida por uma resposta.

O cenário da liderança é a arena do mundo corporativo. Esse mundo, marcado cada vez mais pela imprevisibilidade, diversidade e adversidades, exige múltiplas destrezas dos líderes, os quais, não raro, precisam conviver com situações antagônicas e provocativas, como:

- permitir o erro versus acertar "de primeira";
- desenvolver competências versus aprimorar as que já detém;
- ser competitivo versus compor alianças;
- trabalhar remotamente versus estimular momentos presenciais;
- liderar com equidade versus harmonizar a diversidade de gerações e de culturas;
- desenvolver a economia local versus romper fronteiras.

Que tal você, leitor, acrescentar mais uma linha a esses paradoxos?

Entende-se que lidar com cenários opostos exige do líder, além de desprendimento e versatilidade, uma enorme capacidade de cooperar, o que impõe fluidez de comunicação e visão sistêmica. Por tudo isso, ele precisa de uma significativa capacidade de exercer influência.

Poder e liderança

Falando do exercício da influência, aproximamo-nos do conceito de poder. É ele a capacidade, inata ou adquirida, de exercer influência sobre indivíduos, grupos, acontecimentos, épocas e decisões.

Para Schermerhorn, Hunt e Osborn (1999:212) o poder é definido como "a capacidade de conseguir que alguém faça algo que você quer que seja feito, ou a capacidade de fazer as coisas acontecerem do modo que você quer". Tal definição reforça a presença forte da capacidade de influenciar e a relação de dependência presentes na estrutura do poder.

Tecendo um paralelo entre liderança e poder, Robbins (2009) alerta que, apesar de esses conceitos estarem inter-relacionados, um líder usa o poder para fazer com que os objetivos do grupo sejam alcançados, ao passo que o poder representa o atalho que abre espaço para essa conquista. Portanto, os dois conceitos dialogam, mas não se confundem nem se sobrepõem.

Bases de poder

Diferentes autores classificam em cinco as bases de poder. Pareceu-nos oportuno citar a contribuição de Krumm (2005), que leva em conta, primeiramente, duas fontes das quais se origina o poder: a hierarquia, de onde provêm as bases de poder de posição ou hierárquico, e a pessoa do líder, de onde emerge o poder pessoal. Vejamos como se constituem:

1. *Poder de posição (hierárquico)* – tem origem no título e no status do cargo. Seus subtipos são:
   - poder legítimo – representa a influência da posição organizacional formalmente ocupada pelo líder;
   - poder de recompensa – é a autoridade baseada na capacidade que o líder tem de conferir recompensas aos seus seguidores;
   - poder coercitivo – fundamenta-se na capacidade do líder para infligir punições e é percebido pelos seguidores como aquele tipo de poder menos desejável.
2. *Poder pessoal* – tem origem nas características e habilidades do líder. Seus subtipos são:
   - poder de especialização – é a influência baseada na crença dos seguidores de que o líder detém um conhecimento superior com relação à tarefa;
   - poder de referência – representa a influência suportada pela crença no líder como pessoa, ou seja, na atração pessoal exercida pelo líder.

Em um quadro que resume as diferentes bases de poder, Cunha e colaboradores (2007) oferecem mais uma base de poder: o *poder conectivo*. Esse poder é caracterizado pelas relações com pessoas poderosas ou influentes.

Existe interdependência das bases de poder. Cunha e colaboradores (2007) corroboram essa afirmativa. Para eles, o poder não se limita aos ocupantes de escalões superiores e pode estar articulado entre diferentes escalões, como o poder de especialização. Diferentes bases de poder compartilham uma mesma situação, como no caso de um líder promovido a uma nova posição. À medida que aumentar seu poder legítimo, ato contínuo, seu poder de recompensa e seu poder coercitivo aumentarão.

Além de exercer o poder, outra atitude do líder é dar poder, ou *empowerment*, aos seguidores para que, individualmente ou em equipe, alcancem o máximo desempenho. Blanchard, Carlos e Randolph (2001) acreditam que o *empowerment* é crucial para as empresas se tornarem competitivas no mundo dos negócios atual e futuro, por exigir pessoas solucionadoras de problemas, que tenham iniciativa e ajam como se fossem donas do negócio. A verdadeira essência do *empowerment* é liberar os conhecimentos, a experiência e a capacidade motivadora que já existem nas pessoas e que estão sendo pouco utilizados.

O *empowerment* permite que o poder, antes situado apenas nos níveis mais altos da hierarquia, seja concedido a todos que trabalham, segundo Schermerhorn, Hunt e Osborn (1999). Assim, ele é facilmente percebido como uma fonte propulsora da motivação e da criatividade da equipe.

Bateman e Snell (1998:370) conceituam o *empowerment* como

> o processo de partilhar o poder com os funcionários, aumentando assim sua confiança na própria capacidade de desempenhar

suas funções e a crença de que influenciam a empresa com suas contribuições.

Os autores salientam, ainda, as vantagens obtidas por uma organização ao delegar poder, ou seja, ao proporcionar o *empowerment*:

- redução de custos, visto que é exigida menor quantidade de pessoas no controle;
- incremento da qualidade em função do comprometimento de todos;
- maior rapidez nas ações, porque quem vê o problema tem poder para agir;
- participação de todos nas tomadas de decisão;
- maior confiança no desempenho dos participantes, encorajando-os a assumir responsabilidades e elevando a autoestima de todos.

O poder não se limita ao indivíduo, uma vez que pode ser exercido coletivamente. Robbins (2009) chama a atenção para as coalizões, em que, mesmo consequência da união de pessoas desprovidas de poder, o resultado do empenho coletivo poderá gerar ganhos para todos. O autor lembra que,

> nesses casos, os esforços se dirigem para a tentativa de formar uma coalizão entre duas ou mais pessoas desprovidas de poder, que, juntas, podem combinar seus recursos a fim de incrementar os ganhos individuais [Robbins, 2009:179].

Acrescenta que as coalizões encontram condições mais favoráveis em ambientes caracterizados por atividades rotineiras e pela interdependência forte, seja por força das tarefas, seja pelos recursos a serem compartilhados, ocorrendo o inverso em contextos mais autossuficientes ou de maior imprevisibilidade.

O uso, ou melhor, o mau uso do poder pode levar ao "abuso de poder", que se caracteriza pelo desrespeito aos indivíduos. Nesse particular, Wagner III e Hollenbeck (2009) lançam luz sobre o que denominam "a ética do poder e os custos do abuso". Os autores questionam se os detentores do poder têm condições de determinar se o seu uso é apropriado e se é utilitarista, ou seja, se é capaz de gerar o maior benefício para o maior número de pessoas. Havendo respostas positivas a essas questões, a utilização do poder poderá ser considerada apropriada.

Olhando por outro ângulo, os autores condicionam a legitimidade do poder à preservação do direito e das liberdades individuais. Indo além, advertem que, ainda que seja respeitado o direito de todos, isso não basta para justificar o pleno uso do poder; é necessário que seus detentores tratem as pessoas com equidade, respeitadas as similaridades e as diferenças.

Como se pode observar, leitor, o uso ou o abuso do poder está diretamente relacionado ao impacto que ele causa no outro, dentro dos limites do respeito à sua liberdade e aos seus direitos. E o uso do poder para fins políticos – será que encontramos uma postura correta dentro do comportamento político? Vamos refletir um pouco sobre isso.

Comportamentos políticos

A discussão do poder e da influência parece conduzir ao assunto política. Embora o sentido dessa palavra, em um primeiro momento, possa caminhar na direção da ideia de comportamentos ilícitos (politicagem), a política nas organizações pode ser útil nos processos de mudança, na facilitação de relacionamentos e também para evitar ou dirimir confrontos.

A política organizacional, no entendimento de Mayers e Allen (1977:675) é definida como "a gestão da influência para alcançar fins não sancionados pela organização, ou para obter fins sancionados por meios de influência não sancionados".

Tal definição sugere a adoção da comunicação informal, uma vez que o comportamento político na organização parece emergir em socorro de situações não previstas ou não padronizadas e que demandam atitudes relacionais e de tomada de decisão. Líderes, em geral, se defrontam com situações em que precisam atuar politicamente para dar respostas rápidas a situações novas, manejar conflitos, criar e manter um ambiente onde as pessoas possam conviver.

Dentro de uma percepção de política organizacional, são muitos os entendimentos para o que venha a ser comportamento político. O comportamento político nas organizações é visto por Robbins (2009:181) como "aquelas atividades que não são requeridas como parte do papel formal na organização, mas influenciam, ou tentam influenciar, a distribuição de vantagens e desvantagens dentro dela". Para Robbins (2009) a perspectiva política ajuda a compreender comportamentos defensivos ou de evitação como a razão de os funcionários reterem informações, ocultarem falhas ou alardearem seu sucesso, ainda que mediante a alteração de dados sobre seu desempenho, para se autovalorizarem ou melhorarem a impressão a seu respeito, além de outras ações destoantes das expectativas da organização. O autor defende, também, que os comportamentos políticos tendem a aumentar na proporção em que os níveis de confiança são reduzidos e vice-versa. Isso reforça o quanto é importante o líder dispensar igualdade de tratamento aos componentes da sua equipe e primar por atitudes que privilegiem a equidade e a justiça em todos os níveis de relacionamento.

Algumas características são distintivas do comportamento político, na percepção de Cunha e colaboradores (2007):

- *influência* – a atividade política tem como propósito maior o exercício de domínio sobre os outros;
- *interesses divergentes* – a atividade política implica lidar com interesses divergentes dos públicos envolvidos, o que poderá ensejar resistências e oposições;
- *comportamentos extrapapel* – comportamentos políticos são atividades não contempladas nos papéis instituídos nas organizações e, dessa forma, encontram, no âmbito informal da organização, o espaço adequado ao seu desenvolvimento;
- *percepções* – o comportamento político é de natureza perceptiva; um mesmo comportamento pode ser percebido como político por determinado indivíduo, e por outros não;
- *autointeresses* – para que as atividades desenvolvidas possam ser entendidas como atividades políticas, deverão retratar um ou mais interesses próprios;
- *intencionalidade* – aqui os autores citam Farrell e Petersen, quando estes salientam que é a intencionalidade do comportamento político que caracteriza a atividade política.

Fazer bom uso do poder e da influência nas relações interpessoais, por meio de comportamentos políticos, não implica abuso de poder e, por conseguinte, quebra de confiança. O líder deve estar atento e realizar a constante leitura do seu próprio mapa de atitudes, focalizando a fronteira entre os interesses próprios e os da organização. Suas atitudes precisam deixar claro que esses interesses últimos prevalecem.

Tente montar uma trilha, leitor, alinhando liderança, poder, *empowerment* e comportamento político.

Um olhar sobre as correntes de liderança

Trazemos agora até você a liderança, um dos temas a respeito dos quais mais se escreve, mais se formulam competências requeridas e, talvez, menos se consiga predizer, com certeza, qual o perfil ideal ao seu exercício. As abordagens de liderança evoluíram, e assim continuam, visto que se agregam à figura do líder, apesar de ser ele o centro das atenções, novos atores sociais e novos fenômenos do cotidiano do mundo moderno. Para um melhor entendimento, podemos repartir essas abordagens em tradicionais e modernas, usando como pedra de toque a influência do ambiente sobre o exercício da liderança, o que complementa a composição tradicional, que se limita à existência de líder e seguidores.

Abordagens tradicionais de liderança

Historicamente, pessoas que estiveram à frente de tribos, estados-nações, exércitos ou simplesmente grupos sociais mereceram destaque. Como conquistadores e colonizadores, tinham o papel de chefes, o qual se confundia – e ainda se confunde – com o papel de líder. Inicialmente a aparência, o vigor físico, a herança familiar, entre outras características, davam o tom da conversa. Mais adiante, passou a ser objeto de avaliação a maneira de lidar com os subordinados diretos e também o relevo dado aos relacionamentos e à consecução das missões que essas pessoas atribuíam aos seus grupos.

Abordagem de traços (ou características)

A abordagem de características é um entendimento que surgiu na primeira metade do século XX, antes da II Guerra Mundial, quando inúmeros estudos foram empreendidos para identificar os traços de líderes bem-sucedidos (Kinicki e Kreitner, 2006). Essa abordagem foi alimentada pela crença de que líderes eficazes apresentavam traços distintos, que os diferenciavam das outras pessoas. Esses traços iniciavam-se por características físicas, passando por características intelectuais, chegando até os dotes profissionais. Wagner III e Hollenbeck (2009) nos levam até 1869, quando Francis Galton – antropólogo descobridor das digitais humanas – afirmou que os traços dos grandes líderes eram herdados geneticamente.

Tal abordagem foi perdendo força, uma vez que muitas pessoas que não reuniam as características previstas, notadamente as características físicas, foram extremamente exitosas na arte de liderar. Aqui podem ser incluídos os aspectos gênero e idade, uma vez que faziam parte das características de liderança a senioridade e a condição de pertencer ao sexo masculino.

Abordagem dos estilos comportamentais

No pós-guerra, iniciou-se um movimento para identificação dos comportamentos apresentados pelos líderes. Segundo Kinicki e Kreitner (2006), diversas pesquisas mostraram que os líderes apresentavam uma maior tendência a preocupar-se com as necessidades e os desejos do grupo, enquanto outros focavam os resultados da produção. Isso gerou a percepção de determinados padrões de comportamento, o que resultou nos chamados estilos de liderança. A partir dessa perspectiva, muitos estudos foram empreendidos com o propósito de identificar líderes com maior inclinação para as relações interpessoais e que compartilhavam decisões com as equipes, e líderes com maior inclinação para a consecução da tarefa, com fortes tendências à centralização das decisões e pouca comunicação com a equipe. Disso resultaram, então, os chamados estilo autocrático e estilo democrático, por sinal, ambos bastante presentes nos nossos dias. Wagner III e Hollenbeck (2009) lembram que as pesquisas orientadas para os estilos de decisão dos líderes apontam, ainda, para o líder liberal, cujo traço marcante é permitir que o grupo atue por si só. Nesse particular, os autores mencionados consideram que, nos últimos anos, a liderança autocrática tem-se tornado uma raridade. Citam o exemplo da empresa Hewlett-Packard (HP), na qual boa parte do trabalho é organizada em torno de equipes de projetos, sem hierarquia definida. São equipes interfuncionais, nas quais os líderes não precisam ser supervisores diretos de quaisquer integrantes do projeto.

Abordagens situacionais

A partir dos anos 1950, os pesquisadores começaram a questionar se um líder que adotasse determinado estilo de liderança seria eficaz em toda e qualquer situação. São muitas as abordagens situacionais, por exemplo aquelas que questionam o possível hiato entre as expectativas e a qualidade das relações do líder com os integrantes do grupo (Fiedler, 1967), ou se o nível de prontidão dos seguidores (Hersey e Blanchard, 1974) seria capaz de influenciar o comportamento do líder a ponto de fazê-lo adotar o melhor estilo. Outras nos conduzem por uma gradação, em um *continuum* (Tannenbaum e Schmidt, 1975) entre o estilo autocrático e o estilo democrático, ou desenvolvimento sistemático do líder, seja voltando sua preocupação para as pessoas, seja focando a produção na busca do equilíbrio previsto no grid gerencial de Blake e Mouton (1976).

Em síntese, todos os estudos que consideram a abordagem contingencial defendem que não existe um estilo único de liderança para uma pessoa em particular, nem aquele que represente o melhor estilo, mas o estilo mais adequado, ou seja, mais compatível, para cada situação vivenciada pelo líder.

Abordagens contemporâneas de liderança

No rastro da abordagem contingencial, que leva em conta as condições em que a liderança é exercida e enfatiza suas variáveis situacionais, ou seja, contingenciais, surgem abordagens que, além de líderes, seguidores e circunstâncias em que a liderança tem lugar, consideram os impactos e os resultados que a influência da pessoa, a personalidade do líder e o exercício da liderança irão causar. Entre as diversas abordagens, que naturalmente não se cingem àquelas aqui apresentadas, podemos colocar em relevo as que se seguem.

Liderança carismática

De acordo com Vecchio (2008), o carisma, no campo da liderança, refere-se a um tipo de influência social baseada na percepção, pelos seguidores, da pessoa do líder, e não da sua autoridade formal, se houver. Esses líderes são plenos de autoconfiança, geram confiança e identidade aos seguidores, criando uma forte tendência à sua aceitação e acolhimento. O líder carismático é também considerado por alguns autores como líder transformacional – de que falaremos mais adiante – pelo fato de ser capaz de sensibilizar e mobilizar seus seguidores de tal forma que estes poderão acompanhá-lo sem dificuldades e se esforçar para entregar-lhe um resultado acima do esperado.

Liderança visionária

A liderança visionária é a capacidade do líder de criar e articular uma visão de futuro que seja realista e desafiadora. Assim nos convida a pensar no assunto Robbins (2009), que, na oportunidade, reforça o talento do líder para despertar as vocações e os talentos dos seguidores e, nas organizações, desenvolver os recursos e as condições que permitam a identificação de uma visão. Ainda para o autor, a visão lança mão da energia e das emoções e, se bem articulada, pode gerar entusiasmo e comprometimento dos demais.

Liderança transacional

O líder transacional, para Bass (1985), exerce uma liderança baseada em uma espécie de contrato social, no qual os seguidores acatam as orientações e os desejos do líder. Assim, as transações construtivas podem dar origem a consequências positivas, como uma oportunidade de progresso na carreira do seguidor. Para Vecchio (2008), a liderança transacional refere-se às trocas diárias entre líderes e seguidores no desempenho rotineiro das suas funções, e está apoiada na oferta de retribuições associadas a um desempenho específico. Ao que parece, esse modelo é coroado pela ocorrência de transações líder/seguidores que sejam satisfatórias para ambas as partes.

Liderança transformacional

O líder transformacional é aquele capaz de mobilizar seus seguidores a irem além dos próprios limites. Voltando a Bass (1985), este propõe três características que sinalizam para uma liderança transformacional: carisma, reconhecimento e estímulo de cada seguidor como indivíduo e incentivo intelectual para que os seguidores examinem as situações por novos ângulos. Para Vecchio (2008), a liderança transformacional é potencialmente mais forte nos níveis hierárquicos mais elevados; ela endossa a importância da visão, do estímulo intelectual e da consideração pelo indivíduo, podendo exercer papel fundamental em momentos de mudança e de crise.

Liderança servidora

Kinicki e Kreitner (2006) lembram que a liderança servidora tem mais a feição de uma filosofia de gerenciamento do que de uma teoria sobre liderança, e que a expressão foi cunhada por Robert Greenleaf, em 1970. O líder servidor coloca as necessidades dos outros, inclusive as dos seguidores, dos clientes e da comunidade, como prioridades. Os autores defendem, ainda, que a liderança servidora, em vez de representar uma rápida abordagem da liderança, é uma abordagem transformacional de longo prazo da vida e do trabalho.

Liderança compartilhada

A liderança compartilhada é uma perspectiva bastante diferenciada das demais, que pressupõem a liderança em um processo verticalizado. Kinicki e Kreitner formulam esse conceito partindo da ideia de que, para um trabalho ser feito, as pessoas precisam exercer um processo horizontal de influência. Eles afirmam que

> a liderança compartilhada representa um processo de influência mútua, permanente, simultâneo, em que indivíduos dividem responsabilidade para liderar, independentemente de papéis e títulos formais [Kinicki e Kreitner, 2006:365].

Para esses autores, a liderança compartilhada se faz naturalmente necessária quando as pessoas trabalham em equipe, dividem projetos complexos e realizam trabalho intelectual.

Liderança nível 5

A liderança nível 5 foi resultado de um estudo conduzido por Collins (2006), a partir da observação de empresas que mudaram de bom desempenho para desempenho excelente, às quais Collins denomina "empresas feitas para vencer". O autor propõe um modelo que apresenta uma cadeia de competências dos executivos, representada por uma pirâmide dividida em cinco níveis hierárquicos, em que o líder nível 5 representa o topo. Ao atingir o topo, esse líder se caracteriza por ser, "um indivíduo que alia extrema humildade pessoal a uma firme vontade profissional". Considera, ainda, que os líderes nível 5 são ambiciosos, porém canalizam essa ambição para a empresa e não para proveito próprio. Outra característica que observou é que esses líderes preparam seus sucessores com o objetivo de que estes atinjam, na geração seguinte, um sucesso ainda maior que seu próprio sucesso. A figura 5 permite visualizar o modelo proposto por Collins (2006).

Figura 5

HIERARQUIA DE NÍVEL 5

Fonte: Collins (2006:40).

Fazendo uma retrospectiva das abordagens de liderança, com qual, ou quais, leitor, você melhor se identifica?

Competências e desenvolvimento da liderança

A celeridade com que as mudanças ocorrem e os cenários se sucedem impõe o permanente despertar de vocações àqueles que desejam fazer a diferença no mundo corporativo. Para Kouzes e Posner (2003), as palavras sozinhas não fazem a credibilidade de um líder, pois antes que possa fazer as coisas certas, o líder precisa saber *como* fazê-las. Assim, o aprimoramento das competências que detiver e a aquisição de novas competências precisam ser uma constante na vida de um líder. Isso, segundo Kouzes e Posner (2011), é conseguido pelo líder à medida que pratica a liderança e encontra sua própria voz, uma vez que ninguém lidera com a experiência de outra pessoa, senão por meio da sua própria vivência. Ainda com a palavra, Kouzes e Posner (2011) realçam que, na prática da liderança, é importante encorajar o feedback, para que se reforce a confiança entre líderes e liderados. Nas palavras dos autores, "precisamos saber se ainda estamos escalando, ou se estamos escorregando morro abaixo" (Kouzes e Posner, 2011:44).

Competências de liderança

Entendemos que são muitas as capacidades que devem ser demonstradas pelo líder. Esse papel coloca o indivíduo ora na posição de ouvinte, ora na posição de orador; em um momento como treinador, em outro como aprendiz; em uma situação toma decisões, em outra segue aquela já tomada por outro líder, ou as toma em comum acordo com seus seguidores.

Como se pode ver, o elenco de capacidades e destrezas pode ser longo. Resolvemos apresentar as competências requeridas do líder em três subdivisões, a saber: competências interpessoais, competências técnicas e competências globais. Lembramos que essas categorias não são excludentes; contudo, foram formuladas para um melhor entendimento.

Competências interpessoais

As competências de comportamento, que permitem o relacionamento interpessoal, acompanham o conceito de liderança. O chefe, representando o indivíduo com direito a comandar, pode ou não deter competências interpessoais, contudo estas irão imprimir sua capacidade de gerar seguidores e caracterizar o líder. Embora não sejam as únicas – mais adiante falaremos sobre competências técnicas e competências globais –, as competências interpessoais podem confundir-se com a própria arte de liderar, tendo em vista que os conceitos de liderança já envolvem boa parcela dessas capacidades. As principais competências interpessoais são abordadas a seguir.

- *Comunicar-se com clareza* – Entendemos que é essa a principal capacidade de um líder. Todas as demais dependem da sua destreza em se comunicar. Ele a utiliza para receber e dar feedback, planejar e distribuir o trabalho, conduzir mudanças, manejar conflitos, diligenciar negociações, apenas para citar alguns processos. Liderar equipes implica comunicar-se, pois, como lembra Robbins (2009), nenhum grupo pode existir sem comunicação, uma vez que é ela a responsável pela transferência e pela compreensão dos significados, conforme foi apresentado no capítulo 1.
- *Ser humilde* – O líder deve ser capaz de demonstrar a necessidade e a capacidade de aprender e reaprender. Deve, também, "canalizar as necessidades do seu ego para longe de si mesmo, e na direção da meta maior" (Collins, 2006:42). Some-se a

isso o desprendimento para usar de autocrítica, reconhecer falhas, fazer perguntas e desculpar-se. Deve fazer uso da humildade também para demonstrar senso de pertencimento, integrando-se à equipe e compartilhando ideias, recursos e emoções.

- *Manter e encorajar o bom humor* – O líder é um referencial dos seus seguidores e da organização que representa. Suas atitudes são capazes de atrair e reter outras pessoas, dentro e fora do seu espaço de trabalho. Para Kinicki e Kreitner (2006), o bom e o mau humor são contagiantes. Esse fenômeno é chamado pelos autores de "contágio emocional". Assim, o ambiente de trabalho será tanto mais agradável e salutar quanto maior for a competência do líder para cultuar a alegria, o otimismo e a prática da celebração.
- *Despertar motivação* – Sabemos que "a motivação é intrínseca, isto é, está dentro de nós" (Vergara, 2009:42). Se assim é, a motivação depende de estímulos, ou seja, de motivos que sejam capazes de suscitá-la. Cabe ao líder, conhecedor dos anseios de seus seguidores, ser capaz de identificar e oferecer os estímulos que despertem a motivação dessas pessoas; em outras palavras, entregar os "motivos para a ação" (Macêdo et al., 2007:75).
- *Praticar a empatia* – A empatia é a capacidade de um indivíduo para se colocar no lugar do outro e, a partir de suas percepções, esforçar-se para entender o comportamento da outra pessoa e perceber como ela o vê. No âmbito da liderança, endossamos a percepção de Goleman (2006), para quem ter empatia significa levar em consideração, com ponderação, os sentimentos dos seguidores, principalmente, nas questões que envolvam a adoção de decisões inteligentes.
- *Conduzir mudanças* – As organizações estão em permanente mudança. Kotter (1997:14) lembra que "a mudança somente se estabelece quando se torna a nova maneira de se fazerem as

coisas, quando penetra no sangue do corpo empresarial". Não há dúvida de que isso irá exigir sólidas relações de confiança, liberdade com responsabilidade e respeito mútuo. Cabe ao líder conduzir esses processos e impulsionar o abandono do velho e a internalização do novo.

Competências técnicas

As competências interpessoais são as únicas capacidades sinalizadas pela maioria dos estudiosos da liderança. Recentemente, Charan (2007) pontuou a necessidade, também, do desenvolvimento de competências técnicas, sem as quais os líderes poderão estar fadados ao fracasso porque, por mais que sejam aceitos, acolhidos e seguidos, não serão capazes de obter sucesso nos negócios dos quais estiverem à frente. Veja a seguir.

- *Posicionar e reposicionar o negócio* – Significa encontrar, para os negócios, uma ideia central que satisfaça as expectativas e necessidades dos clientes e que seja lucrativa. Implica, também, reposicionar o negócio quando o cenário se modifica.
- *Identificar mudanças externas* – Perceber as tendências, detectando os problemas antes que despontem. A partir daí, caminhar um passo à frente dos concorrentes, para colocar a empresa na dianteira.
- *Gerir o sistema social da empresa* – Reunir as pessoas certas, buscando aquelas que sejam detentoras da melhor combinação de condutas e informações para tomar as decisões mais satisfatórias e mais rápidas, de modo a atingir resultados de excelência.
- *Avaliar pessoas* – Aferir as pessoas com base em suas ações, decisões e comportamentos, e descobrir seus melhores talentos, para que possam ser colocados a serviço dos objetivos

organizacionais. Aqui já se definem os líderes mais adequados às funções.

- *Formar equipes de líderes* – Conseguir que profissionais altamente competentes atuem em uma equipe de trabalho formada de líderes, sincronizando esforços e impulsionando a empresa.
- *Determinar os objetivos certos* – Determinar o conjunto de objetivos, na combinação certa, com período de execução e no nível certo, que propiciem equilíbrio entre o que a empresa pode vir a ser e o que ela é capaz de alcançar.
- *Estabelecer prioridades precisas* – Definir o caminho e alinhar recursos, ações e energia para realizar os objetivos, de forma a não incorrer em desperdícios e não perder o foco.
- *Enfrentar pressões* – Enfrentar questões que transcendem o mercado. Prever e reagir às pressões sociais fora de seu controle, mas que possam afetar ou mesmo ameaçar a essência da empresa.
- *Formar líderes* – Em outro momento, Charan (2008) observa que os líderes, cada vez mais, terão por desafio criar um sistema e uma cultura que fortaleçam continuamente a liderança em todos os níveis da empresa e que também os ajudem a se preparar para a própria sucessão. Defende, ainda, que o desenvolvimento de lideranças e o planejamento da sucessão são parte de um processo contínuo. Um líder deve ser um criador de líderes.

Competências globais

Na mesma velocidade com que os muros caem, as pontes surgem. No ambiente corporativo, essa dinâmica é incessante, com o aumento da capilaridade dos negócios para todo o planeta e com os processos de fusões e aquisições. Isso exige do líder enorme capacidade de adaptação e aprendizagem contínua, tanto para si quanto expandida para seus colaboradores diretos. Esse movimento contínuo exige o desenvolvimento e aperfeiçoamento das chamadas competências globais, que passamos a apresentar.

- *Lidar com choques culturais* – "Uma empresa não tem uma cultura, ela é uma cultura", afirma Schein (2004:245). O autor entende que o processo dinâmico de criação, transformação e difusão da cultura organizacional é papel essencial do líder, e que liderança e cultura são dois lados de uma mesma moeda. Assim, nos rodízios de funções, nas ofertas e mudanças de posição em carreiras internacionais – aliás, fenômenos constantes na atualidade – o líder precisa desenvolver grande capacidade de adaptação a diferentes culturas, seja em relação ao que encontra na sua própria trajetória de carreira, seja no ambiente em que irá exercer a liderança.
- *Manejar o conflito de gerações* – Atualmente, dividem o espaço corporativo integrantes de quatro diferentes gerações: veteranos (nascidos entre 1922-1943), *baby-boomers* (nascidos entre 1943-1960), X (nascidos entre 1960-1980) e Y (nascidos após 1980). Os quase 90 anos que essas quatro gerações abrangem representam uma parte espantosamente rica e diversificada da história e mudança social, conforme nos apresenta Bartlett (2008). O líder precisa ser capaz de conciliar os diferentes costumes e a diversidade de expectativas, valorizar as diferenças e estimular a motivação e o espírito de equipe.
- *Aproximar o trabalho remoto* – Considerando a realidade do teletrabalho, o líder precisa ser capaz de aproximar seus seguidores, estimular ao máximo os encontros presenciais e humanizar o uso das ferramentas de suporte ao trabalho remoto. Quebrando um pouco a preocupação com o teletrabalho, Katzenbach e Smith (2001) oferecem um contraponto

ao destacarem a importância de um conjunto de recursos, como softwares, internet, intranet, tele e videoconferência, que eles denominam *groupware*. Esse conjunto de tecnologias aproxima as pessoas geograficamente distantes e permite o trabalho em equipe.

Desenvolvimento de líderes

O desenvolvimento de líderes sempre gera discussão, pondo em questão se a liderança é inata ou adquirida. A liderança não é necessariamente inata, porém determinadas características de personalidade de uma pessoa, em comparação às daqueles que ela pretende liderar, podem auxiliar, ou não, no exercício da liderança.

Uma das principais preocupações das organizações desde a década de 1930, época em que se evidenciava a abordagem de traços, é exatamente identificar e desenvolver líderes. Essa é uma constatação de Sánchez e Del Amo (2005). Para os autores, houve uma crença mais forte de que a liderança fosse consequência de qualidades inatas nos estudos que aprofundaram o modelo de liderança baseado em características do líder como alguém superior aos seus seguidores. Nos estudos mais recentes, em que predominam a abordagem de contingência, a abordagem carismática e a abordagem transformacional, traços como motivação, competências cognitivas e flexibilidade não oferecem garantias de uma liderança de sucesso, pois se admite que as competências de liderança podem ser desenvolvidas se houver motivação do indivíduo para isso.

Algumas competências, na opinião de Bennis (1999), necessitam ser trabalhadas para o desenvolvimento de líderes. São elas: o gerenciamento da atenção, que significa a capacidade de atrair as pessoas para perto de si; o gerenciamento do significado, que diz respeito à capacidade de tornar as ideias tangíveis e reais para outras pessoas; o gerenciamento da confiança, que representa a capacidade de se fazer seguir; e o gerenciamento de si próprio, que envolve o autoconhecimento e a aptidão para intensificar seus pontos fortes.

Morgan acredita que as equipes de trabalho se auto-organizam, provocando o surgimento de hierarquias, à medida que surgem novos produtos, o que faz com que outras prioridades gerem novos focos de atenção. Para ele, as

> hierarquias autoritárias de cima para baixo, encontradas nas organizações mecanicistas, dão lugar a hierarquias emergentes geradas pela necessidade de agrupar e direcionar as atividades para atender às contingências do momento [Morgan, 2002:266].

Essas constatações do autor podem sugerir um repensar das hierarquias e dos padrões como condições temporárias, e também o questionamento tanto das competências de liderança como dos atores sociais que se desincumbem desse papel.

"Existe um mito pernicioso de que a liderança é algo reservado a apenas alguns", alegam Kouzes e Posner (2003:387), para quem todos nascem líderes, como nascem contadores, artistas, atletas, entre outras profissões, cabendo a cada um decidir o que fazer de sua vida. Os autores acreditam que

> não é a ausência do potencial de liderança que inibe o desenvolvimento de um número maior de líderes, mas sim a persistência do mito de que liderança é algo que não pode ser aprendido. Todos podem liderar, e depende das pessoas liberarem o líder que trazem dentro de si, atendendo os chamados das circunstâncias e vendo todas as experiências como experiências de aprendizado [Kouzes e Posner, 2003:387-388].

Sánchez e Del Amo (2005) admitem que, para o futuro de uma investigação mais adequada sobre a liderança, será necessário partir da suposição de que ela é um fenômeno de grupo e que, para tanto, deve ser investigada como um fenômeno emergente das inter-relações entre todos os membros do grupo, tendo por princípio que todos são integrantes, inclusive os líderes.

"Líderes são pessoas comuns, que aprendem habilidades comuns, mas que no seu conjunto formam uma pessoa incomum." Essa é a opinião de Motta (2004:207), para quem, ainda, o exercício da liderança pouco ou nada tem a ver com o domínio de habilidades raras. O autor entende que as habilidades de liderança podem ser aprendidas tanto por meio de ensinamento quanto pela experiência de vida. Realça que ocupantes de cargos de comando se dediquem ao aprendizado da liderança e que mantenham o esforço individual para enriquecer a própria experiência, pois a habilidade de liderança irá se desenvolver à medida que o indivíduo permitir a entrada e o amadurecimento de novas ideias em sua mente. Reconhece que existem características individuais que facilitam um melhor ajuste do indivíduo a determinada função do que a outra; contudo, salienta que a liderança pode ser ensinada e aprendida por todos os indivíduos, como qualquer outra função gerencial.

E neste ponto, leitor, você mantém sua posição quanto à melhor abordagem de liderança, de acordo com seu perfil, natureza do seu trabalho ou preferência pessoal?

O líder não está apenas no topo, sugerem Sherman e Katzenbach (1995). Para eles, é possível encontrar a liderança a partir do meio, pois ela não se limita às mãos dos executivos superiores, sendo visível também em indivíduos não eleitos e que preenchem uma casta de pensadores independentes da média gerência, dando asas à verdadeira mudança. Entendem Sherman e Katzenbach (1995) que esses líderes são orientados para as pessoas e também são competentes do ponto de vista técnico; são, ainda, flexíveis, ávidos por resultados, mestres em provocar motivação e doidos por quebrar regras. São líderes de mudanças, e jovens na sua maioria, uma vez que boa parte deles se situa na faixa dos 25 aos 40 anos, e um terço deles é representado por mulheres, sendo esta uma informação considerada pelos autores como muito além das expectativas.

Parece que paira no ar uma chamada para a liderança informal e emergente, que deve ser atentamente observada quando são levados em conta os processos sucessórios. Você concorda, leitor? Nós já nos orientávamos por essa linha de pensamento, que foi realçada por Charam (2008).

Aburdene (2006) celebra um novo tipo de herói corporativo, que surge de indivíduos capazes de fazer germinar e florescer uma cultura de valores, regada por atributos como a confiança e a espiritualidade, sendo este último elemento constituído principalmente por equilíbrio, paz interior, bem-estar e amor ao próximo.

De nossa parte, leitor, também comungamos dessas ideias. O que você pensa sobre isso?

O líder educador

A educação e a aprendizagem marcam um forte vinco nas competências de liderança. Voltando um pouco no tempo, chegamos até Senge (2004), quando ele nos trouxe o termo "organizações que aprendem" (*learning organizations*). O autor condicionou essa capacidade àquilo que chamou de cinco disciplinas, entre as quais figura o aprendizado em grupo. Para Senge, quando as equipes estão realmente aprendendo, além de produzirem resultados extraordinários em conjunto, seus integrantes também se desenvolvem com maior rapidez no sentido individual, sendo que o aprendizado em grupo é vital, porque a unidade fundamental de aprendizagem nas organizações modernas é o grupo, não os indivíduos.

As organizações saem em busca dos talentos. O talento, em seu significado mais geral, pode ser entendido como

> o conjunto de saberes de uma pessoa – seus dons, habilidades, conhecimento, experiência, inteligência, discernimento, atitude, caráter e impulsos inatos, e que também inclui sua capacidade de aprender e desenvolver-se [Michaels, Handfield-Jones e Axelrod, 2002:16].

É aí que entra o líder educador. Em uma mescla de caça-talentos, instrutor de treinamento, balizador da qualidade dos serviços e porta-voz dos resultados da equipe, é o líder o personagem que nunca sai de cena quando o assunto é a aquisição de novos comportamentos e a identificação de novas fontes de conhecimento.

Aprendizagem e comportamentos

A dança entre a ordem e o caos faz com que os sistemas se organizem constantemente. Isso requer, como mostra Wheatley (2006), líderes abertos a transformações e que sejam, ao mesmo tempo, agentes e clientes da mudança, dispostos ao permanente questionamento do status quo, quebrando paradigmas e reaprendendo, inclusive, a aprender. Levando em conta que a inteligência organizacional é representada por cérebros e pessoas, os líderes precisam compreender e aprender, todo o tempo, sobre os novos comportamentos de cada pessoa. Como disse Lenhard (1985:3), "as levas de novos seres que, a todo momento, batem às portas duma sociedade constituem a preciosa substância pela qual esta se perpetuará e se renovará".

Abrindo as cortinas do mundo globalizado, deparamo-nos com a paisagem da aprendizagem permanente. Compreender o comportamento de outras culturas e aprender sobre elas é, hoje, uma exigência imposta aos líderes, alertam Wagner III e Hollenbeck (2009), para quem é necessário fazer leituras de estilos e tradições, orientações e visões para curto e longo prazos, simbolismos da comunicação não verbal, formalidades, estilo de tomada de decisões, entre outros aspectos que irão envolver tanto as grandes negociações como os relacionamentos do dia a dia.

No ambiente corporativo, aprender sobre comportamentos implica adaptar-se à cultura da organização e socializar-se. É possível que, por meio dessa espécie de socialização organizacional, as pessoas aprendam os valores, normas e comportamentos exigidos, que lhes permitirão participar como membros da organização. Nesse particular, o papel do líder será primordial para reforçar a importância da assimilação dos componentes da cultura organizacional.

O processo de socialização organizacional

O processo de socialização é uma das alças da aprendizagem. A interdependência que une as pessoas nos grupos impõe naturalmente o entrosamento para a troca de informações, o manejo das diferenças e a aceitação de novos integrantes. Wagner III e Hollenbeck (2009) alertam que quanto maior a interdependência no exercício das atividades, maior será a demanda pela socialização bem-sucedida. Esses autores propõem uma tipologia de estratégias de socialização que passa por diversos pontos, desde métodos conservadores até inovadores, da socialização coletiva até a individual.

Considerando os subsistemas de gestão de pessoas, Cunha e colaboradores (2007) defendem que os processos de socialização clarificam o entendimento e permitem ajustamentos que possam diminuir alguma incompatibilidade entre as necessidades, as expectativas e os valores trazidos com as pessoas e aqueles postulados pela cultura da organização. Esse processo tem início antes de o indivíduo chegar à organização, seja como postulante a uma oportunidade de emprego – quando busca conhecer a empresa por meio de documentos e internet – ou por ocasião de entrevistas de seleção. O papel do líder é fundamental ao oferecer as informações iniciais, recepcionar e abrir o caminho para facilitar a aceitação de novos indivíduos pelo grupo já existente. Isso será possível tanto mais quanto maior for a capacidade do líder de, formal ou informalmente, conferir aos indivíduos a suficiente autonomia. É certo, também, que não irá parar por aí. Ao longo da vida profissional, cada indivíduo irá usar a autonomia recebida e fazer do processo de socialização um dos pilares do sucesso da sua trajetória de crescimento pessoal e desenvolvimento profissional. A socialização poderá prover um melhor desempenho na função e o máximo aproveitamento em programas de capacitação e desenvolvimento, o que poderá resultar em prestígio, reconhecimento e oportunidades.

Levando-se em conta que a socialização implica aquisição de informações e de comportamentos sociais que visem ao entrosamento com as pessoas e com a cultura da organização, ela está naturalmente inserida no processo de aprendizagem.

Um retorno à aprendizagem de comportamentos nos leva de volta a Lenhard (1985). Ele argumenta que a família é o ambiente inicial de socialização e aprendizagem de comportamentos. Ela tem por papel precípuo assegurar às pessoas um ambiente adequado para seu desenvolvimento.

Contudo, leitor, você não acha que isso varia de lar para lar, de cultura para cultura? Pois é. Nesse espaço de aprendizagem, o indivíduo receberá um reflexo da vida na sociedade em que essa família se insere. Ali aprenderá sobre costumes e atitudes necessárias ao convívio com outras pessoas. Deve aproveitar isso ao máximo, pois terá o espaço, no mais das vezes, somente para ele. Lenhard (1985:63) nos lembra que "toda a organização do pensamento da criança começa no lar".

Nesse ponto perguntamos a você, leitor: seriam os pais, ou seus representantes, as nossas primeiras referências de líderes? Esperamos que concorde conosco.

O indivíduo cresce e vai para a escola. Lá terá contato com padrões culturais mais universais, e da relação afetiva entre professor e aluno vai depender o processo de aprendizagem (Lenhard, 1985). Novamente lembramos que nesse contexto o indivíduo também terá um espaço de aprendizagem, porém menor, pois ele será um dentro de um grupo.

Voltamos a você, leitor, com uma indagação: agora os pais dividem o campo com o professor. Será essa, então, uma nova referência de líder? Ao que tudo indica, sim. E se a relação entre professor e aluno é capaz de despertar a motivação para a aprendizagem, não ocorrerá o mesmo com o gestor líder nas organizações?

E o indivíduo chega à empresa, ocupando postos de trabalho. Aqui aumenta a diversidade, e muito. Ele agora é um indivíduo no grupo, em uma organização constituída de muitos e muitos grupos. Aumenta a necessidade de aprendizagem. Aqui ele deverá estar todo o tempo fazendo leituras de comportamentos de outros indivíduos, agindo, negociando, dando, recebendo e fazendo concessões. Deverá, também, moldar-se à cultura organizacional nas suas muitas facetas – valores, costumes, mitos, rituais e tabus. Então virão mais mudanças, nesse mundo novo que tem pressa, e muito mais para se aprender. E nesse ponto, leitor, entra o gestor líder, que também educa, fazendo seu papel nesse processo.

O papel do líder educador

Na era do conhecimento, os líderes estabelecem canais abertos de comunicação com seus seguidores e, por meio da troca permanente, alternam-se entre as posições de ouvintes aprendizes e de oradores educadores. Nesse particular, destacam-se os papéis de *coach*, ou treinador sistemático, e de *mentor*, ou mentor inspirador.

Líder coach versus líder mentor

O *coaching* é um relacionamento que se fundamenta no permanente desenvolvimento e aprimoramento de habilidades e na produção de novas competências. É um treinamento intensivo, que pode ser praticado pelos líderes para seus seguidores. Algumas organizações admitem o exercício do *coaching* tanto por líderes de outras equipes quanto por profissionais externos.

Segundo Krausz (2007:27),

> *coaching* é um processo que contribui para que as pessoas e os grupos se transformem, reflitam a respeito de sua visão de mundo, de seus valores e crenças, aprofundem sua aprendizagem, incorporem novas habilidades e capacidades, expandam sua prontidão para agir de forma coerente e eficaz. Por essa razão, constitui uma forma de provocação construtiva, de desafio e estímulo para o desenvolvimento e a aprendizagem contínuos.

O *coaching* assemelha-se a "um exercício refinado de liderança". Assim discorre Araujo (2006:28), para quem os *coaches* ganham uma escola prática de liderança e autoconhecimento que nenhuma formação acadêmica dá, e os clientes – pessoas a quem as atividades de *coaching* são dirigidas – obtêm suporte ao seu desenvolvimento e para o desempenho de novos papéis.

Ainda para a autora, o processo de *coaching* se dá em quatro etapas, a saber:

a) construção de uma parceria sólida, baseada em confiança mútua e maturidade para assumir todas as responsabilidades acordadas entre o *coach* e o cliente. Araujo (2006) acredita que essa é a fase mais crítica;
b) estabelecimento de visão de futuro do cliente. Aqui o *coach* estimula o cliente a sonhar, usar imaginação e sabedoria enquanto busca transformar a visão da empresa na visão da equipe ou do negócio e, finalmente, na visão pessoal do cliente;
c) análise daquilo que chama de "bagagem de mão", ou seja, a trajetória de realizações de ambos, para que explorem competências e talentos, como também discorram sobre possíveis dificuldades;
d) plano de ação, que é uma etapa em que o *coach* pode ajudar o cliente a identificar o *gap* entre sua visão e a situação e competências atuais. Deve ser construída uma ponte firme para que a intenção se transforme em resultados. Sempre que for oportuno, uma reunião aberta de feedback deve ser proposta. Na ocasião, durante a troca de informações sobre os resultados da avaliação, a interação e o diálogo vão estimular e reforçar a confiança mútua.

No papel de mentor o líder assemelha-se à figura de um conselheiro, que também pode ser um inspirador ou uma referência para o seguidor. Ao contrário do que ocorre com o *coach*, que, em geral, é alguém que exerce essa influência de forma presencial, a atividade de *mentoring* pode ser exercida remotamente, visto que o mentor se assemelha não a um treinador, mas a um veterano na empresa, na área de negócio ou na profissão.

O líder é o *coach* da equipe, contudo deve acionar uma atitude de total abertura no que diz respeito às necessidades de aprendizagem e, nesse ponto, encorajar os indivíduos a agirem em processos recíprocos de *coaching*. Esse é o pensamento de Clutterbuck (2008), segundo o qual dessa forma o líder cria um ambiente propício ao aprendizado. Indo além, Hargrove (1995) propõe o *coaching* transformacional, ou como também denomina, *coaching* magistral (*masterful*), que se baseia em princípios filosóficos humanistas igualitários relacionados com o dia a dia corporativo e que, conforme Hargrove (1995:15),

> envolve ajudar as pessoas em grupo a transformarem a si próprias, suas comunidades e seu mundo; envolve ainda impactar os valores e a visão das pessoas, como também ajudá-las a reformular sua maneira de ser, pensar e agir.

Dando um passo à frente e caminhando na direção do médio e do longo prazos, voltamos a nos defrontar com o líder no seu papel de *mentor*, ou seja, exercendo a função *mentoring*. Mais que uma proposta, o *mentoring* é um processo dinâmico, nos diz Bernhoeft (2001:25), "capaz de indicar fatores que ameaçam o progresso pessoal e profissional, ao mesmo tempo que oferece elementos para a discriminação de escolhas". A autora ainda acrescenta que o processo de *mentoring* pode incluir o *coaching* demarcado por intervenções com foco ajustado ao curto prazo, contendo feedback e treinamento objetivo para melhorar a performance atual.

O mentor assemelha-se a um conselheiro e também a um referencial, ainda segundo a citada autora. Por assim dizer, na nossa trajetória de vida diferentes personagens se revezaram nesse papel, por exemplo pais, professores, colegas de trabalho, familiares e amigos, em geral mais experientes do que nós e com disposição e interesse em compartilhar o que sabem. Some-se a isso tudo o que vamos colhendo nas nossas experiências, em livros, biografias e exemplos vindos das mais variadas fontes de inspiração. Significa dizer que no *mentoring* a relação pode não ser direta.

Para Bernhoeft (2001) diferentes ações no processo de gestão de pessoas podem estar apoiadas num trabalho de *mentoring* e ao mesmo tempo refleti-lo, como a construção da carreira, a realização de programas de educação e treinamento e a elegibilidade a premiações e à remuneração por competências.

Para evitar que esse papel se confunda com o de *coach*, Bernhoeft (2001) sugere que se pulverizem as relações de *mentoring*, de forma que um líder não atue como *mentor* de integrantes da sua própria equipe.

Valemo-nos de Krauz (2007). A autora estabelece a diferença entre *coaching* e *mentoring*, como mostra o quadro 4.

Quadro 4

Coaching VERSUS *mentoring*

Coaching	*Mentoring*
Sua potência baseia-se na capacidade do *coach* de fazer questionamentos estimuladores.	Sua potência baseia-se no conhecimento específico e na sabedoria do mentor.
Baseia-se em treinamento, facilitação da aprendizagem.	Baseia-se em transferência de sabedoria.
Orientado para ações do presente.	Orientado para ações do futuro.
Focaliza questões profissionais.	Focaliza a carreira.
É uma atividade profissional específica com programas de formação e supervisão.	Trata-se de uma função e não de uma atividade profissional.
Enfatiza a análise dos valores individuais e seu alinhamento com os valores da organização.	Tende a reproduzir os padrões, valores e visão da organização.

Fonte: adaptado de Krauz (2007).

Ao que se percebe, *coaching* e *mentoring* são atributos que podem ser costurados, uma vez que se complementam e não se opõem. Pela síntese apresentada no quadro 4, esses papéis estão presentes e são visíveis no processo de socialização.

Levando em conta, leitor, que a liderança pode ser desenvolvida, na sua percepção, *coaching* e *mentoring* são competências inatas ou também podem ser aprendidas?

O líder inovador

A inovação, essencial para a sobrevivência das organizações, só se materializa quando a ambiência é favorável. Daí a importância de aspectos como atitude de aprendizado, liderança e trabalho em equipe, comunicação como via de mão dupla e prazer em realizar o trabalho. Mas tudo isso pode ser insuficiente se as pessoas não tiverem comportamento inovador.

O líder da atualidade é um líder de mudanças. Com essa afirmativa, Drucker (2000) sugere que o líder deve introduzir na organização uma política de inovação, ou seja, uma política para criar mudanças. Defende, ainda, que a principal razão pode nem ser a de que líderes de mudanças precisam inovar, embora precisem. A principal razão é que uma política de inovação sistemática produz a mentalidade necessária para que a organização seja líder em mudanças, fazendo com que todos nela vejam mudanças como oportunidades.

Liderar mudanças demanda criatividade e capacidade inovadora. E isso precisa estar não só no comportamento criativo e inovador do líder, mas também na sua capacidade de impulsionar a equipe nessa direção. Esse líder precisa ser um promotor do "é permitido tentar", encorajando as pessoas a colocar a imaginação a serviço da criatividade. Precisa estar atento a todos os detalhes, saber ler nas entrelinhas e saber reconhecer, valorizar e premiar aqueles que se lançam nessa aventura.

A criatividade humana não tem limites. Por isso, um líder inovador precisa ter – e demonstrar – uma constante inquietação intelectual, de forma a permitir-se e a despertar nos demais o desejo pela descoberta do novo e pelo aprimoramento daquilo que já existe. Como um educador permanente, o líder impulsiona a ousadia, a independência e a incessante busca do conhecimento. E, como disse Charam (2007:122), "os líderes de maior sucesso deixam um legado ao instituir um fluxo de líderes que seja melhor do que aquele herdado e que, além disso, se torne padrão de comparação para o restante".

Cabe apresentar uma retrospectiva que fazem Hamel e Breen (2007:175), citando Mary Parker Follett: "a liderança não se define pelo exercício do poder, mas pela capacidade de aumentar a sensação de poder entre os que são seguidores; o trabalho mais essencial do líder é criar mais líderes". Será que algo mudou? Ao que parece, a liderança é uma competência humana e um conceito em construção.

Neste capítulo apresentamos a você, leitor, a liderança nas suas diversas formas de exercício, sua relação com o poder e com as características da atualidade, realçando as competências necessárias ao seu exercício. Agora, reflita conosco: o líder por si só não basta, por mais capacitado que seja. Lembrando o filósofo grego Aristóteles, "uma andorinha não faz verão". Então, levando em conta que são poucas as atividades que podem ser realizadas por uma pessoa sozinha, é um desafio permanente para o líder atuar de acordo com as circunstâncias, formar alianças ou comunidades com outros líderes e conduzir e inspirar pessoas para trabalharem em equipe. É dessa competência coletiva – trabalho em equipe – que passaremos a falar adiante.

Exercitando conceitos

Para você leitor, preparamos algumas questões para reflexão:

1. Liderança inata versus liderança desenvolvida – discuta esse paralelo.
2. Como as bases de poder se articulam com o papel de gestor líder?
3. Como você estabeleceria a diferença entre liderança transacional e liderança transformacional?
4. De que maneiras o líder exerce o papel de educador? Comente.
5. Sugira um elenco de ações que caracterizem um líder *coach*.

4

Formação e desenvolvimento de equipes

Dando continuidade à nossa proposta, este capítulo pretende apresentar quando e como ocorreu o início do estudo dos fenômenos grupais, os processos grupais, o processo de transformação de grupos em equipes e suas respectivas fases de evolução. Nesta proposta de reflexão, são relatadas as diferenças entre conteúdo e processo de grupo e suas formas de gestão. Procuramos, ainda, listar algumas armadilhas psicológicas no processo de tomada de decisão. Elementos como autonomia, resistência, racionalidade, lealdade e confiança foram privilegiados neste capítulo. Por fim, mostramos ao leitor o desenvolvimento de equipe como uma proposta para o acompanhamento das relações intragrupais, a fim de conscientizá-lo da importância do gestor como principal mentor e coordenador do processo grupal.

O estudo dos fenômenos grupais

Kurt Lewin se destaca por seus trabalhos experimentais postulados na teoria administrativa – mais especificamente no período da teoria das relações humanas –, tornando-se um dos líderes do estudo dos fenômenos grupais. De acordo com

Luft (1970), Lewin, por volta dos anos 1930, elaborou a teoria de campo na psicologia contemporânea, tornando-se um dos precursores das pesquisas sobre os processos de grupo e das relações humanas. Essa teoria apresenta os movimentos de forças que atuam dentro do grupo por meio das interações de seus participantes, redundando em mudanças de comportamento nos indivíduos que dele participam.

Segundo Luft (1970), ao apresentar a teoria de campo Lewin criou um método de análise das relações causais e de elaboração dos *constructs* científicos. Para Lewin, a base da análise do campo vai além dos fatos que existem para o indivíduo ou grupo em um dado momento no espaço de vida. É preciso levar em consideração a tensão, a energia, a necessidade, a valência e o vetor, que constituem conceitos dinâmicos e essenciais para analisar o comportamento humano.

Nessa perspectiva, podemos entender que a teoria de Lewin encontra-se fundamentada na percepção, no pensamento, no sentimento, na ação e na recordação, ou seja, nos meios pelos quais as tensões de um sistema se igualam, bem como na aprendizagem, que promove mudanças nas mais variadas esferas do ser humano, como a motivação ou o grau de pertencimento ao grupo.

Segundo Luft (1970), a dinâmica de grupo surgiu na década de 1950, na França, com férteis aplicações em diversas áreas, alternando-se, por vezes, conclusões satisfatórias com duvidosas soluções. De acordo com o autor, nesse período, ao mesmo tempo que as investigações sobre a dinâmica de grupo prosseguiam em nível experimental com todo o rigor científico desejável, as discussões que se apresentavam pareciam não ser tão seguras quanto se esperava. Nessa mesma situação, na França – assim como nos Estados Unidos – as pesquisas sobre dinâmica de grupo também deixavam margem a dúvidas, pois se, por um lado, tinha-se a reflexão prudente de pesquisadores mais sérios, por outro, apareciam investigações cujos resultados evidenciavam a utilização indevida de sua aplicação. Diante dessa divergência de pensamento, Luft (1970) ressalta que, no trato da dinâmica de grupo, devemos considerar que o equilíbrio é a melhor forma de atuar; isto é, não se deve desqualificá-la e nem supervalorizá-la.

O processo grupal

Além da teoria de campo, Lewin contribuiu com experimentos que deram base à formulação de teorias sobre os estados evolutivos do desenvolvimento de grupos, ou seja, dos processos grupais.

Diz esse autor, segundo Luft (1970), que, por meio do relacionamento interpessoal e intergrupal, o indivíduo, ao expor-se ao outro, consegue obter um maior entendimento de si mesmo.

Para Luft (1970), o grupo vivencia um processo que deverá corresponder à interpretação dos significados de comportamentos verbais ou não verbais, expressos pelos participantes dentro do grupo, ou seja, o processo grupal torna-se entendido e reconhecido por meio da expressão das vivências de seus participantes.

Assim, vale dizer que as discussões que permeiam o grupo não são neutras; elas se apresentam carregadas de significados implícitos, inerentes ao comportamento do grupo. Para entendê-las, será necessário levar em consideração quem fala, para quem fala e o que fala. Diante disso, o termo "processo" significa uma inferência realizada com o intuito de compreender o comportamento do grupo. Tal comportamento, verbal ou não verbal, pode ocorrer no percurso de um relato com objetivos diferenciados, indo desde a necessidade de guardar silêncio até o momento de precisar se dirigir a uma pessoa em particular dentro de um grupo.

No entender de Luft (1970), Lewin conceitua fenótipo como sendo as características que podem ser observadas no comportamento humano, resultantes da interação entre pessoas e que podem ser modificadas na relação com o ambiente; e genótipo, um conceito elaborado e organizado a partir do comportamento observado.

Moscovici (2010) afirma que a identificação de partes relevantes do desenvolvimento de um grupo facilita a compreensão das formas de interagir, da sucessão de acontecimentos e de suas consequências para a gestão do progresso das relações desse grupo.

Observa Cunha (2010a:3):

> Um profissional consciente do processo grupal [...] poderá, com mais clareza, apoiar os participantes em suas necessidades e, assim, suscitar reflexões que os encaminharão a exercer as habilidades de diagnosticar suas dificuldades e para elas buscar soluções.

Levando-se em conta os conceitos acima apresentados, você leitor consegue perceber a relevância do conhecimento do processo grupal como ferramenta para gestão de sua equipe?

Processo e conteúdo

Em todo trabalho de grupo, podem ser analisados dois aspectos: o processo e o conteúdo, ou, como postulado por Lewin, fenótipo e genótipo. Entende-se por conteúdo ou genótipo todo trabalho ou tarefa que o grupo precisa realizar. Por processo ou fenótipo, entende-se o conjunto de relacionamentos e condutas que vão se estabelecendo intragrupo para lidar com a tarefa, segundo Luft (1970).

O desenvolvimento do grupo, portanto, pode ser compreendido por duas dimensões. A primeira delas é o conteúdo, que inclui o método, o qual está relacionado com o modo de funcionamento do grupo, envolvendo a divisão de tarefas, o cumprimento dos prazos, a obediência aos temas propostos e o comprometimento dos envolvidos no trabalho. A outra dimensão – o processo – está relacionada com as inter-relações expressas por meio de condutas que envolvem as emoções, os valores pessoais, podendo ou não gerar condutas cooperativas, competitivas, conflituosas e de solidariedade ou de cumplicidade.

Ou seja, na primeira dimensão, observa-se o que irá ser realizado; na segunda, as relações que facilitarão ou dificultarão tal realização. Em um trabalho de grupo é necessário perceber a dinâmica do grupo como um todo e a contribuição de cada participante na feitura das tarefas, na existência de um método e nas condutas relacionais do ambiente de trabalho em conjunto.

Observe que, pelas palavras de Luft (1970), um grupo só se reúne quando seus membros têm objetivos em comum. Todavia, o autor chama a nossa atenção mostrando que, mesmo com objetivos definidos, as trocas realizadas internamente no grupo podem seguir outros rumos que não os previstos. Essa é uma situação muito comum em um grupo e não há como evitá-la. O autor elucida que, mesmo quando os membros fazem uso de uma linguagem clara e objetiva, podem surgir interpretações divergentes, originando sentimentos hostis entre eles. Para Luft, problemas dessa natureza estão ligados a interações, e, portanto, faz-se imprescindível identificá-los para que o processo avance em toda a sua complexidade.

As dificuldades do trabalho em grupo se apresentam tanto no nível do conteúdo – na realização da própria tarefa – quanto no processo, quando todos resolvem opinar simultaneamente e passam a não se entender. Essas situações se originam a partir da divisão das tarefas, da ausência de método na condição de trabalho e na seleção inadequada dos participantes. À medida que o grupo amadurece no nível relacional, é provável que os participantes solucionem ambas as questões, tanto no plano do conteúdo quanto no plano do processo, desenvolvendo competências que poderão ser úteis no desempenho e no resultado de outras tarefas. Exemplificando: um relatório é solicitado a um grupo do setor financeiro de uma empresa, com orientações explícitas de procedimento e conteúdo bem delineado. Parte do grupo defende que tal relatório deve ser feito rigidamente, com foco no conteúdo e na forma que foram determinados pelo gestor; por outro lado, os demais integrantes acreditam que a utilização de formas gráficas e pictóricas, apesar de fugirem das regras preestabelecidas pela administração, facilitaria o entendimento e a apresentação do relatório. Surge, nesse momento, um problema no processo do grupo. Cabe ao gestor administrar esses conflitos e equilibrar as relações interpessoais, visando à melhoria do desempenho, de forma que todo o grupo atinja o resultado pretendido.

Com o advento das equipes como unidade básica de trabalho, a organização da empresa vem se transformando, e a teoria gerencial está cada vez mais atenta ao papel de desenvolvimento do grupo, conceito este que está em constante transformação, em função das realidades competitivas de mercado. Todavia, de acordo com Cunha (2010a), é preciso rever a estrutura básica dos grupos e suas possibilidades de crescimento.

Conceitualmente, uma equipe amadurecida consegue separar condutas relacionadas ao conteúdo daquelas relacionadas ao processo. Na realidade, essas condutas se mesclam, uma vez que o conteúdo não se dissocia do processo. Contudo, aos integrantes do grupo cabe ter consciência das dimensões – processo e conteúdo – e perceber a relevância de suas coexistências.

Para você, leitor, conseguimos esclarecer que processo e conteúdo não podem ser dissociados quando se pretende administrar equipes? Aconselhamos esta reflexão e a reforçaremos a seguir.

Como gerenciar o processo e o conteúdo

Segundo Cunha (2010a), trazendo seu raciocínio da área da educação para a área de administração, o líder, ao tomar consciência do processo do grupo, deve tornar-se o gestor atento de sua dinâmica, que é inerente a todo o desenvolvimento do trabalho proposto à equipe. Ele passa a ter como objetivos o estabelecimento e a observância das normas e dos métodos de ação, bem como os cuidados inerentes aos trabalhos individuais e às relações interpessoais em um clima que promova bons resultados. Assim, as regras e métodos servem para que os trabalhos de grupo não sejam prejudicados por falhas nas operações. Nesse caso, uma boa harmonia no processo torna-se fundamental para o bom desempenho de todos no grupo.

Seguindo o raciocínio da autora, frequentemente surgem possibilidades de conflitos e desentendimentos em relação ao conteúdo, quando em um trabalho de grupo. Nesse caso, os participantes necessitam tomar decisões e encontrar soluções. Para atingi-las o gestor deve levar o grupo a iniciar um processo de exposição de suas ideias por meio de relatos e de uma escuta atenta e empática, promovendo a participação de todos. Em tal processo a crítica destrutiva não tem espaço. É, pois, nesse momento que o grupo acolhe todas as possíveis soluções, listando-as para que, ao final, possa selecionar as definições e decidir pela melhor proposta que, na maior parte das vezes, é a soma das diversas propostas sugeridas pelo grupo.

Vale lembrar a você, leitor, que durante esse processo não deve haver censuras, o que inibiria a contribuição dos participantes. Esta conduta é muito importante.

Grupo, equipe e suas diferenças

Ao buscar determinar um significado para grupo, deparamo-nos com a importância de haver, entre os participantes, uma unidade, que se expressa pela associação e influência mútua do convívio já estabelecido. Na maior parte das vezes, essas pessoas se unem por crenças, valores ou tradições. A coesão que resulta dessa convivência ainda não tem uma marca de afetividade, mas difere da reunião de pessoas ou bando, em que não ocorre interação, como na plateia de um cinema ou teatro. Ou seja, o que levou as pessoas para aquele acontecimento foi um objetivo pessoal de entretenimento.

Portanto, apresenta-se como fundamental na caracterização de um grupo a existência de objetivos comuns, a partir dos quais pessoas integradas se organizam e se estabelecem com o propósito de aquisição de resultados positivos e vantajosos para essa comunidade.

Em síntese: considera-se grupo o intercâmbio ordenado de indivíduos reunidos para o desempenho de atividades com escopo único, em que a execução da empreitada exige condutas comprometidas, responsáveis e atentas às normas previamente estabelecidas.

No entanto, um grupo não é uma equipe. Segundo Vergara (2009), para que o grupo se transforme em equipe, faz-se necessária a presença de um elemento simbólico que o identifique, que una os participantes, mesmo estando fisicamente distantes. Como exemplo, podemos citar as equipes virtuais.

De fato, o que caracteriza uma equipe é sua cumplicidade, aceitação das diferenças individuais, respeito mútuo, entendimento da desigualdade de ideias, posturas e condutas de cada membro do grupo. Há situações na vida organizacional, por exemplo, em que o gestor, ao perceber uma grande maturidade nas relações entre os participantes da sua equipe, permite-se compartilhar situações e problemas, delegando a eles a busca de soluções e consequente ação. Quando um grupo alcança esse nível de competência para resolver problemas, torna-se observável seu grau de interação, que já caracteriza uma equipe.

Para exemplificar: as pessoas que fazem parte de um departamento cuja intenção principal é atingir determinadas metas individuais, apresentam um comportamento de grupo; por outro lado, pode ser percebida uma conduta de equipe, quando o resultado final é atingido por todos, privilegiando as metas do departamento. Dessa forma, o resultado final surge em nome da equipe e beneficia a todos, independentemente de este ter sido, ou não, atingido pela ação de um membro isoladamente. Nesse caso, os objetivos individuais são vistos como metas secundárias.

Na equipe, assumem-se riscos, investe-se firmemente no seu desenvolvimento, consideram-se os perfis dos participantes valorizando as diferenças individuais e adequando-as às atividades com o objetivo de melhores resultados, o que torna o trabalho do grupo um autêntico trabalho em equipe.

Se atentarmos para o que Moscovici (2007) salienta sobre esse assunto, poderemos considerar a equipe como sendo um grupo com maior nível de interação entre seus participantes. Para a autora, equipe nada mais é do que um grupo que trabalha todo unido em torno dos objetivos a serem alcançados. Há, portanto, a presença do engajamento, da necessidade de compartilhar ideias e transformá-las em dados concretos. Para isso, a interação entre os participantes acontece de forma recíproca, por meio de situações encorajadoras e estimuladoras. Há um forte sentimento de confiança entre os membros, fazendo com que todos assumam os riscos. As diferentes habilidades reconhecidas nos membros do grupo são aproveitadas e estimuladas a fim de que os objetivos do grupo sejam alcançados com a contribuição de todos.

Nessa perspectiva exposta por Moscovici (2007), é observável o crescimento do grupo ao tornar-se uma equipe visando um só objetivo. Para a autora, o que faz um grupo se transformar em uma equipe é a contínua avaliação que o próprio grupo faz de seu rendimento, observando a ação que fora planejada e seu funcionamento, na prática, desde o momento da implementação até a resolução dos problemas.

Assim sendo, as empresas fundamentadas em trabalho de equipes buscam e propiciam melhores condições de trabalho e valorizam procedimentos e políticas que instigam as pessoas a produzirem cooperativamente com vistas a objetivos comuns.

Na prática, para se fazer uma diferenciação entre ambos – grupo e equipe –, nada melhor do que a utilização de alguns critérios, que em tese são sempre subjetivos, entre os quais destacam-se: o bom senso, a predominância, o comportamento, o grau de comprometimento, o formato da ação, o compartilhamento dos resultados e as ações de celebração.

Ratifica Vergara (2009:151-152) que as principais vantagens de se trabalhar em equipe são:

- a agilidade na captação de informação e em seu uso;
- as ideias geradas são mais ricas, mais elaboradas e de mais qualidade, porque se baseiam em diferentes visões;
- verifica-se maior tendência a assumir riscos;
- existe compartilhamento de poder, que gera maior comprometimento dos participantes.

As empresas bem-sucedidas costumam ter pessoas que se comportam propiciando a existência de características que evidenciam a formatação de equipe. Ainda que haja grupos com excelentes resultados, o caráter de individualidade e a competitividade caminham para a autodestruição, o esfacelamento ou, simplesmente, a dissolução.

Na equipe todos trabalham voltados para os mesmos objetivos e têm seus papéis e funções definidos. Ela possui uma trama de relacionamentos positivos e cooperativos que a diferenciam dos relacionamentos do grupo, resultando em excelente desempenho por meio de condutas criativas, harmoniosas e inovadoras. Os relacionamentos são mais abertos, mais transparentes, não há lugar para subterfúgios e deslealdades, pois há uma relação de confiança e de cumplicidade estabelecida entre os participantes.

Esse clima favorece a cooperação e as trocas mútuas, evidenciando o trabalho da equipe. Seus participantes têm consciência de que podem contar uns com os outros e de que receberão suporte em caso de necessidade. Isso não significa que não haja conflitos, uma vez que estes são inerentes ao comportamento humano e, se bem conduzidos, podem favorecer o trabalho e os relacionamentos com novas ideias e posicionamentos.

O amadurecimento das equipes se confirma na mesma proporção com que eles resolvem suas próprias questões. As lideranças, por sua vez, como explicitado no capítulo anterior, são presentes, dão suporte e mediam as situações para as quais foram solicitadas, o que contribui para o desenvolvimento da criatividade e do aumento do comprometimento.

A prática do feedback, de forma transparente e construtiva, e com a aceitação de todos, assegura a continuidade do bom relacionamento entre os participantes. Assim, líderes e liderados trocam feedback, consolidando a boa continuidade da interação já estabelecida e favorecendo, dessa forma, o relacionamento da equipe com outras áreas da organização.

Podemos citar, por exemplo, um caso em que o gestor conta com uma equipe amadurecida. Não raro ele percebe que seus colaboradores já praticam entre si o feedback, ou seja, na mesma medida com que os membros solicitam opiniões a seus colegas, eles também contribuem com seus pontos de vista.

Portanto, a equipe é uma resposta de um grupo que se desenvolveu pela compreensão de seus objetivos e do compromisso em atingi-los de forma comum.

Continuando com o pensamento de Moscovici (2007), para que um grupo possa ser considerado uma equipe dentro de uma empresa é necessária a incorporação das habilidades de diagnóstico e resolução dos problemas. Esse processo constante de interação entre os membros torna-se uma característica que marca a equipe e pode ser percebida em todas as ocasiões, em todos os processos grupais, na demonstração do cumprimento das tarefas e nos relacionamentos socioemocionais que evidenciam a harmonização da equipe.

E, como preconiza o ditado popular, no caminho da equipe, "nem tudo são flores". A vida humana e, principalmente, a vida em grupo está permeada de empecilhos e problemas. O impacto ou não dessas situações no trabalho da equipe dependerá da competência e prontidão dos participantes, bem como da forma como ela utiliza os recursos que lhe são disponibilizados por meio de condutas motivadas no enfrentamento das situações-problema.

A questão do desempenho e dos resultados norteia a produtividade do trabalho em equipe, tornando o caminho que precisa ser trilhado mais claro e fundamentado no estabelecimento de objetivos. A probabilidade de sucesso torna-se altamente incentivadora para o próprio desempenho. Pequenos êxitos cunham o clima de vitória, assinalado por objetivos viáveis e alcançáveis que, quando atingidos, reforçam o brilhantismo da equipe. Essas fortuitas conquistas estabelecem uma contribuição motivacional de qualidade para encarar os impedimentos que passem a existir no cotidiano.

Também, a equipe pode contratar consultores externos que apresentem novas opiniões e estratégias para a solução de questões grupais, minimizando, assim, os embaraços da comunicação e dos relacionamentos. Em outros momentos, pode consultá-los para a orientação do desenvolvimento no que diz respeito à capacidade dos participantes e, até, para repensar e rever a missão dos propósitos definidos.

Citamos aqui um exemplo em que a consultoria externa se fez necessária. Determinado departamento de uma instituição pública, no qual os funcionários trabalhavam há muito tempo com a mesma gerente, teve de lidar com a situação da aposentadoria dessa senhora. Como possuíam um relacionamento afetivo estabelecido desde longa data, decidiram por uma pessoa da própria equipe para assumir as funções da ex-gestora. Tal decisão não foi aceita pela alta direção, que indicou uma nova profissional, vinda de outro departamento. Nesse momento, a equipe se mostrou arredia, e no decorrer do processo adaptativo, a resistência à nova gerente aumentou, em razão do estilo altamente autoritário adotado por ela. Para solucionar essa situação, uma consultora externa foi contratada pela alta diretoria, a fim de solucionar as questões advindas desse conflito que se estabeleceu.

Ficou clara para você, leitor, a diferença entre grupo e equipe? Além disso, vale ficar atento ao processo de transformação que ocorre de um para outro.

O grupo e seu desempenho

De acordo com Katzenbach e Smith (apud Moscovici, 2007), os grupos são classificados conforme o modo de funcionamento. A curva de desempenho de equipe é descrita, por esses autores, em cinco posições:

- pseudoequipe – nesse momento, não existe a preocupação com o coletivo, ou seja, o relacionamento entre as pessoas não é valorizado, o trabalho é definido e a preocupação é somente com o desempenho individual. A pseudoequipe padece com as forças oriundas do fraco apoio da alta administração, da ausência de capacidades indispensáveis e da falta de confiança por parte dos colegas. Nesse caso, a frustração é enorme em relação à falta de eficácia, ao autoconceito negativo, à dor do abandono e à ausência de encorajamento, gerando a desagregação. Essas questões representam alto gasto psicológico e organizacional em razão do estrago da não resolução das dificuldades ou das barreiras, ensejando a oscilação na confiabilidade e no desempenho da equipe;

- *grupo de trabalho* – a finalidade maior não é a transformação do grupo em equipe. Os participantes até podem compartilhar informações entre si, porém o produto final é de responsabilidade exclusiva de cada autor. Essa forma de interação torna-se eficaz, contudo não produz um resultado de equipe. Na verdade, esse produto é mais uma soma de trabalhos individuais, o que caracteriza um trabalho de grupo e não de equipe;
- *equipe potencial* – nessa fase, o grupo almeja realizar um trabalho de equipe, mas necessita ainda de orientações e esclarecimentos que o levem a um bom resultado final. Há o desejo da realização, porém não existem as competências para um trabalho em equipe. Falta-lhe maturidade relacional;
- *equipe real* – há um aumento de desempenho na transição da equipe potencial para a equipe real. Isso se traduz no fato de as equipes possuírem objetivos comuns e etapas de trabalho bem planejadas e definidas. O relacionamento interpessoal se apresenta amadurecido, bem elaborado. Além disso, os participantes confiam uns nos outros e em conjunto se responsabilizam pelos resultados. A equipe real, quando atinge comportamentos tais como o alto discernimento, por meio de responsabilidades compartilhadas, comunicação clara e transparente, sinergia para a realização de tarefas e

competências diversas, passa a apresentar mais disposição e melhor qualidade para suplantar empecilhos a sua vivência, a seu desempenho efetivo e a seu desenvolvimento;

- *equipe de elevado desempenho* – essa fase é a mais difícil de ser conseguida dentro de uma organização. Nesse momento, os prerrequisitos de uma equipe já foram estabelecidos e alcançados. Seus participantes são comprometidos não só com o crescimento pessoal, mas também com o sucesso de seus pares. Por meio dessa conduta, os resultados da equipe superam em muito as expectativas da organização. Assim, o conhecimento da curva de desempenho de equipe gera subsídios para os gestores acompanharem o desenvolvimento de seus grupos intervindo tecnicamente de forma consciente, provocando mudanças na atuação dos participantes em busca de uma maturidade relacional. O desenvolvimento do grupo pode acontecer espontaneamente, todavia é mais difícil. Portanto, cabe ao gestor a facilitação desse processo.

Pode acontecer de alguns grupos de trabalho não evoluírem, ficando indefinidamente nas primeiras fases em decorrência, muitas vezes, da falta de atuação do gestor na facilitação dos distúrbios que ocorrem internamente nos grupos.

Parece a você leitor, que pessoas reunidas em grupo possam, dentro de um processo natural de desenvolvimento, atingir o status de equipe? Vale refletir acerca da importância do gestor como líder desse processo.

O grupo e o ciclo de vida da equipe

Na ótica de Carvalhal e Ferreira (2000), os fenômenos observados na abordagem de grupos sociais e sua evolução têm sido profundamente estudados por autores como Michel Argyle, que articulou um fundamentado histórico, analítico e comparativo da formação de grupos sociais, utilizando como referência os quatro estágios descritos por Tuckman: formação, distúrbios (tumulto), normatização (normalidade) e desempenho. Ver quadro 5.

Quadro 5

Estágios do ciclo de vida das equipes

Estágio	Estrutura de grupo	Tarefa
Formação	Há ansiedade, dependência de um líder, tentativa para descobrir a natureza da situação e qual o comportamento aceitável.	Os membros descobrem qual é a tarefa, quais são as regras e que métodos são apropriados.
Distúrbios	Conflitos interpessoais e, entre subgrupos, rebelião contra líder, opiniões polarizadas, resistência ao controle.	Resistência emocional a exigências e tarefas.
Normatização	Desenvolvimento de coesão do grupo. As lideranças emergem, a resistência é vencida e os conflitos são resolvidos. Apoio mútuo e desenvolvimento de sentimento de equipe.	Troca aberta de opiniões e de sentimentos: a cooperação se desenvolve.
Desempenho	Os problemas interpessoais são resolvidos, a estrutura interpessoal é a ferramenta da execução da tarefa, os papéis são flexíveis e funcionais.	Emergência de soluções para problemas, tentativas construtivas de conclusão de tarefas. A energia está disponível para o trabalho efetivo. Esse é o melhor estágio.

Fonte: Carvalhal e Ferreira (2000:91).

Sob o prisma da visão sistêmica, Carvalhal e Ferreira (2000) avaliam o ciclo de vida da equipe. As equipes, muitas vezes, tendem ao individualismo, necessitando ser revigoradas. Os autores apresentam, também, o modelo da curva S, proposto por George Ainsworth-Land, aplicando-o ao desenvolvimento de equipe. Recomendam não só o acompanhamento dos diversos estágios de ciclo de vida da equipe, como também a avaliação do nível de eficácia, de forma que se tomem decisões quanto à sua transformação. Ver figura 5.

Figura 5

ESTÁGIOS DE DESENVOLVIMENTO DE EQUIPE

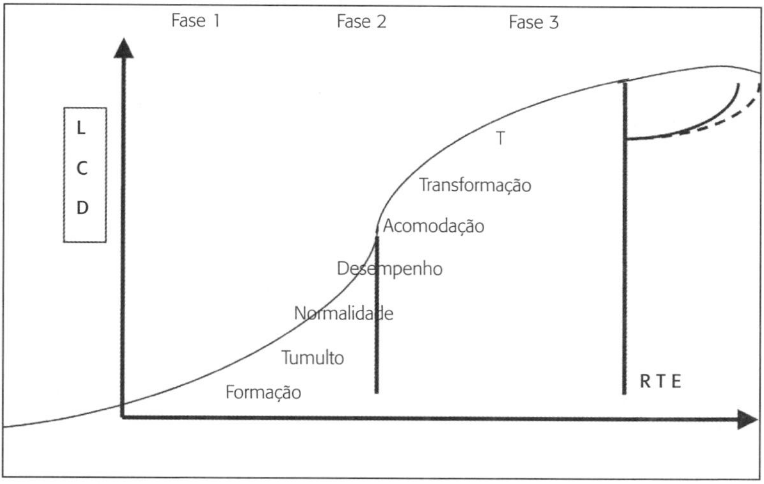

Fonte: Adaptado de Carvalhal e Ferreira (2000:90).

A linha horizontal é abastecida com os componentes RTE, que significam os recursos, o tempo e a energia empregados no estágio de vida considerado. A linha vertical, com os componentes LCD, representando o lucro obtido pelo produto ou serviço, a crescente complexidade e o desempenho do sistema no qual a equipe se insere.

Como exemplo, relata-se o caso de uma organização em que nem todos os funcionários possuem equipamentos modernos para desenvolver seu trabalho, mas na qual as prioridades e prazos são equivalentes para toda a equipe. Essa situação certamente implicará dificuldades de relacionamento, afetando o desempenho do departamento.

Portanto, na implantação de um projeto organizacional é relevante a questão de recursos, tempo e energia, que permeia o processo do grupo. Quando o grupo tem recursos escassos, isso vai exigir muito mais dos participantes e, seguramente, a relação entre eles será mais complexa e poderá comprometer o resultado.

A partir do estudo aprofundado e da observação de que os movimentos ocorrem com certa rapidez e intensidade, levando a rompimentos e alterações, Tuckman chegou a resultados e acrescentou dois novos estágios ao ciclo de vida das equipes: acomodação e transformação.

A seguir, apresentamos os seis estágios que podem ser considerados os momentos evolutivos mais importantes do processo, de acordo com Tuckman (apud Carvalhal e Ferreira, 2000).

1. *Formação* – Nesse estágio, os integrantes do grupo participam com ideias ambíguas, não estabelecem entre si uma convivência mais próxima e se comunicam com precaução, buscando um espaço favorável para a participação. Esse é o momento em que a insegurança é mais evidenciada, uma vez que todos os membros estão buscando o fortalecimento das relações de comunicação, a vivência comunitária, o compartilhamento de lideranças, o auxílio mútuo e a resolução de conflitos. Os participantes dos diversos grupos apresentam uma baixa consciência das diferenças individuais entre eles. Nesse estágio, os componentes do grupo não têm a percepção da interligação entre eles nem de que só conseguirão atingir as metas no coletivo.
2. *Tumulto* – Os integrantes do grupo não estão em consonância sobre o mesmo assunto. O que se presencia é que cada um luta em defesa de seus próprios objetivos. A falta de confiança entre os participantes do grupo impede o compartilhamento

de ideias, recursos e tomadas de decisão. Contudo, é nesse estágio que a comunicação começa a se tornar mais fácil entre os membros do grupo. Há disputa pela liderança do grupo. Os níveis de responsabilidade emergem paulatinamente, de forma que os integrantes passam a entender que, mesmo cada um realizando sua parte, isso não o desobriga a prestar auxílio ao outro. Os membros do grupo são incentivados a constituir habilidades para, individualmente, desenvolver práticas de trabalho. Alguns buscam uma forma de trabalho capaz de superar os conflitos dentro de uma convivência harmoniosa e respeitosa entre os integrantes do grupo.

3. *Normalidade* – Nesse estágio, o grupo já pode ser considerado uma equipe. Os membros têm clareza dos objetivos e tomam decisões em conjunto, compartilham ideias, auxiliam-se mutuamente e encorajam uns aos outros. As lideranças são bem-vindas e todos se comunicam de forma aberta, a fim de favorecer o surgimento de uma diversidade de respostas e de ações diante de uma mesma situação. Há a presença de uma pluralidade de ideias e os pontos de vista convergem, produzindo uma multiplicação de saberes e informações. Agora, a equipe já conta com as novas formas de pensar e de agir que emergem no grupo. Os níveis de pensamento mais elaborados e complexos vão se estabelecendo, propiciando o nascimento de procedimentos de trabalho eficazes para as diversas tarefas.
4. *Desempenho* – Momento em que os membros do grupo sentem vontade de socializar suas considerações, finalidades e dificuldades. Tal atitude incita o grupo à reflexão mais elaborada para atingir as metas. Nesse estágio, a liderança é entendida como responsabilidade de todos os membros. O processo de comunicação entre os participantes acontece de forma franca e aberta, visando sempre aos objetivos propostos no início do trabalho. A equipe mantém relações de

interdependência, que vão se estabelecendo entre as pessoas no dia a dia, abrindo possibilidades de crescimento ao grupo. Todos lutam pelo desenvolvimento de procedimentos de trabalho mais produtivos, para a obtenção de resultados com qualidade obedecendo aos prazos previstos, a custos mais baixos e satisfazendo plenamente as necessidades do cliente. As características individuais e as diferentes visões sobre o assunto que cada membro traz são contribuições consideradas importantes no momento da criação e da inovação para elevar ao máximo o índice dos resultados. Nesse estágio, considera-se que a equipe e seus integrantes já se encontram adaptados e flexíveis para o enfrentamento de novos desafios.

5. *Acomodação* – Nessa fase, os integrantes se encontram desmotivados. Os membros da equipe, ao se sentirem autoconfiantes, esquecem-se de que as tarefas no grupo só terão bom êxito se desempenhadas em parceria. Os sentimentos de arrogância (que muitas vezes permeiam as atitudes dos membros da equipe), a falta de comunicação e o desinteresse em relação aos pares contribuem para que a equipe regrida e volte a ser um grupo. Quando isso acontece, não há mais vínculos, e as diferenças individuais, bem como as distintas maneiras de perceber a realidade, deixam de ser aproveitadas, gerando situações conflituosas entre os membros. Na fase da acomodação, são comuns conflitos frequentes com as lideranças compartilhadas e alguns membros da equipe se omitem diante de certas situações. O que se presencia é a ausência de atitudes mais flexíveis no modo de pensar e de agir dos membros. Por isso, os procedimentos de trabalho deixam de ser revistos periodicamente pelo grupo. Situações dessa natureza acabam prejudicando o bom andamento da equipe, que se encontra presa a visões e conceitos já ultrapassados.

O comodismo é totalmente desfavorável, tanto durante a transformação do grupo em equipe como para a própria equipe em qualquer momento.

6. *Transformação* – É um estágio de mudança geral vivenciado pelos membros da equipe. Uma nova postura emerge dos membros, que agora passam a questionar, rediscutir e redefinir a visão, os objetivos, os processos, os procedimentos e os propósitos, tanto da equipe quanto do trabalho. Todos unidos em prol de uma finalidade buscam formas de recuperar a autoconfiança e a autoestima dos participantes da equipe. Surgem novos participantes e outras lideranças com competências, destrezas, estilos individuais e novas formas de liderar, ampliando a intenção para os atos de criação e inovação. A equipe, por meio de um trabalho compartilhado, revê seus processos de comunicação, experimenta novos padrões e olha além da estrutura e do contexto para se adaptar às mudanças do novo ambiente, visando eliminar barreiras e ampliar a rede de informações.

Para ilustrar todas essas fases apresenta-se o caso da expansão de um departamento, dentro de uma organização, em que houve a necessidade de contratação de cinco funcionários. Na chegada deles, percebem-se comportamentos cautelosos tanto dos contratados quanto dos colaboradores já existentes. O gerente apresenta os novos funcionários e pede para que cada um mencione suas expectativas. Nesse momento as individualidades sobressaem, as ideias são ambíguas e a falta de convivência é evidente. Contudo, apesar das diferenças, o desejo de participação pontua esse estágio – o de formação.

A partir daí o gerente percebe as disputas por liderança. Nesse estágio – tumulto – alguns membros defendem radicalmente suas ideias e outros já buscam administrar os conflitos.

O processo de resolução de conflitos iniciado no estágio anterior se estabelece na fase da normalidade. Aqui o gerente nota um pensar e agir mais uniforme, um comunicar mais claro e aberto e um compartilhar de ideias efetivo. Portanto, os participantes já atingiram o status de equipe e, no estágio seguinte – desempenho –, é notório o aprimoramento dos procedimentos para melhores resultados. O relacionamento entre os integrantes é forte o suficiente para que estes sejam flexíveis no enfrentamento de novos desafios.

Na continuidade do processo, após o alcance da melhor performance, o gerente pôde acompanhar certa desmotivação e engessamento de posturas dos colaboradores, caracterizando a fase de acomodação, em que a equipe regride para o status de grupo e voltam à tona condutas já ultrapassadas. Nesse momento o gerente intercede, incentivando diversos questionamentos nessa fase de transformação, tanto com relação à equipe quanto com relação ao seu trabalho. A proposta é de revisão geral, com vistas ao melhor desempenho da equipe na retomada do caminho de crescimento.

Portanto, cabe ao líder ser um bom observador e identificar o estágio do ciclo de vida em que se encontra sua equipe. Esse conhecimento permitirá que ele determine sua atuação, retire impedimentos, assuma decisões, ajuste a direção e trace a caminhada no rumo para a alta performance desejada.

Analisando as propostas anteriormente expostas, podemos observar que autores como Argyle e Tuckman, por meio da observação dos fenômenos naturais de grupos sociais, apresentam de maneira didática a evolução de grupo a equipe. Com base nas inúmeras observações desse processo e seus respectivos fenômenos, foi possível a teorização dos ciclos de vida das equipes.

De que forma, caro leitor, a identificação dos ciclos da equipe pode ser ferramenta útil em seu trabalho?

As armadilhas psicológicas

A seguir, discorre-se sobre as armadilhas psicológicas, de acordo com a visão de autores como Pavesi (2003), Bonatti (2007), Hammond, Keeney e Raiffa (2006), que contribuíram para a teoria da tomada de decisão, visto que, na maioria das vezes, dentro de um grupo a solução de um problema tem respaldo em uma sugestão oriunda de uma ou mais armadilhas psicológicas.

Portanto, às vezes, as más deliberações podem arruinar um negócio e uma carreira. De acordo com Bonatti (2007), o funcionamento da mente humana há muito tempo vem sendo estudado na esfera da tomada de decisão, e pesquisas revelam a presença de processos inconscientes que facilitam a resolução de problemas situacionais. Contudo, há que se ter atenção à subjetividade da percepção humana, que imprime erros e falhas imperceptíveis, gerando tendências que resultam em armadilhas mentais.

Além disso, existem outras falhas, como a falta de informação, as alternativas, a análise de custos, benefícios e agendas, que podem dificultar a decisão a ser tomada. As armadilhas são relevantes como uma sabotagem para o processo de funcionamento da mente humana.

Segundo Hammond, Keeney e Raiffa (2006), algumas falhas consistem de percepções sensoriais equivocadas. Outras assumem a forma de preconceito. Ainda outras são simplesmente como anomalias do pensamento. Mais uma vez essas armadilhas, tão perigosas, são marcadas pela sua invisibilidade. Estão integradas ao processo de pensamento e não há como reconhecê-las. No entanto, perante as armadilhas psicológicas, o mais importante é trazê-las para o nível consciente, reconhecendo-as e tomando decisões com segurança.

Hammond, Keeney e Raiffa (2006) classificam cinco armadilhas, dessa forma:

1. *armadilha da ancoragem* – a percepção se acomoda por fixar antigas ideias, criando entraves à flexibilização, ou seja, a mente humana atribui maior importância à primeira informação recebida;
2. *armadilha do status quo* – o indivíduo cria sua zona de conforto e dela se recusa a sair; repete determinadas condutas, opta pelas mesmas alternativas e, dessa forma, perpetua seus antigos padrões de comportamento;
3. *armadilha da acomodação* – frente a diversas possibilidades de novas decisões, o indivíduo acaba decidindo seguir por um caminho já percorrido anteriormente, mesmo que este não seja o melhor para determinada situação.

Estas três armadilhas podem ser explicitadas no exemplo de uma grande incorporadora e construtora em que os executivos devem discutir propostas de empreendimentos inovadores. Após exposição de diversas ideias, termina por vingar a primeira, proposta por um dos diretores. Ele expressa sua vontade de continuar investindo em uma cidade onde já realizaram diversos empreendimentos de sucesso (ancoragem). Os demais participantes da reunião ratificam essa posição (acomodação), sob a alegação de que a empresa já possui toda uma estrutura física e de pessoas que dará suporte à execução do intento. Essa posição é reafirmada pela convicção de que naquela cidade a empresa já possui uma marca respeitada e consolidada (status quo).

4. *Armadilha da evidência* – o indivíduo busca informações que justifiquem seu ponto de vista; procura ratificar suas evidências como sendo verdades incontestáveis;
5. *armadilha do marco da referência* – em muitas tomadas de decisão, ter um marco de referência é um fator complicador

e pode gerar outras armadilhas psicológicas, como a possibilidade de crer em uma primeira ideia ou estabelecer o status quo. Pode, também, ressaltar uma acomodação, estabelecer e ou reforçar uma evidência.

Apresenta-se, como ilustração, um corretor de imóveis que, ao levar seu cliente a um apartamento à venda, sem vaga para estacionamento, com três lances de escada, mal dividido internamente e necessitando de modernização, ressalta apenas os pontos que ele já percebeu que são importantes (evidência) para o possível comprador e seus familiares, tais como a localização, a proximidade do metrô, a diversidade de linhas de ônibus, a tranquilidade da rua e da vizinhança e a segurança do local. Estas questões podem gerar armadilhas psicológicas (marco de referência), porque são pontos fundamentais para a tomada de decisão.

Convém atentar para o fato de que, no processo decisório, especialmente quando se aproxima da tomada de decisão em si, é importante reavaliar todas as suas posições até aquele momento.

Quando a tomada de decisões é sugerida por outros, é fundamental a percepção de como eles se posicionaram durante o processo decisório. Nesse caso, desafiá-los com diferentes questões, com diversas propostas e com novas possibilidades é uma maneira de perceber como se processou o caminho que os levou a tal proposição.

A racionalidade

Para Pavesi (2003), a racionalidade pressupõe um deliberado processo intelectual de reflexão que dá suporte às tomadas de decisão. Ainda sobre a questão da racionalidade, Pavesi postula que é necessário estar atento para que a razão não se torne escrava das paixões. Entretanto, as ideias relacionadas a esse tema têm evoluído, e outros estudiosos das teorias de decisão, como Motta (2004) e Boulding (apud Cunha, 2010b), com base em suas experiências, destacam que as paixões e os desejos são apropriados para análises.

De acordo com Motta (2004:47), durante muito tempo a teoria gerencial foi construída sob a "premissa de que se poderia dominar, por critérios de racionalidade, a vida e os destinos de uma organização". O autor prossegue explicando que, nesse pensamento, o corpo gerencial considerava que o sucesso do grupo poderia ser valorizado pela quantidade de informações obtidas e analisadas de forma racional e, assim, poderia tomar decisões que julgasse serem as melhores. Essa visão acreditava que tratar a organização dessa forma surtia efeitos salutares. Assim, métodos complexos e intelectuais eram instrumentos considerados eficientes para uma boa administração da organização. Segundo, ainda, essa visão, o mundo organizacional, hoje, se apresenta muito mais amplo e diferente do que se pensava antigamente. Dessa crença, o autor argumenta que é necessário simplificar os métodos e procurar compreender a organização para intervir nos problemas em tempo hábil.

Ao traduzir um trecho de Boulding, Cunha (2010b) adiciona que as deliberações podem ser racionais, visto que permitem a possibilidade de serem analisadas pela razão. Entende-se que os desejos do decisor podem ser ordenados e medidos por meio de uma escala de valores racionais durante a investigação permanente do objetivo a ser alcançado na tomada de decisão. Já para Nogueira (1995), a racionalidade serve para somar restrições à liberdade do ser humano, e não para libertá-lo.

Para ilustrar, tome-se como exemplo um gestor contratado no mercado que se apresenta à sua equipe com novas ideias, tais como mudança no layout do departamento, rotatividade de funções dos colaboradores e férias coletivas. Entretanto, essas propostas, por mais bem-intencionadas que sejam, sofrerão restrições, não só da política da área de recursos humanos, como também da cultura organizacional, pois tais implementações podem não trazer os benefícios esperados para a empresa como um todo. Em setores que possuem diversas interfaces, por exemplo, as férias coletivas são inviáveis. A rotatividade de funções entre os funcionários pode render bons frutos como experiência, mas provavelmente acarretará redução no rendimento do setor.

A análise criteriosa do momento da empresa, levando-se em consideração fatores diversos, certamente restringirá sua liberdade de gestão, porém torna-se indispensável para tomadas de decisão.

Até aqui, percebe-se que o termo racionalidade, já discutido há séculos por diversos filósofos e estudiosos, continua sendo uma área polêmica, que deixa dúvidas com relação à possibilidade de o ser humano não ser nem racional, nem irracional.

Entretanto, a atenção às nossas tendências e às nossas limitações humanas, como prática cotidiana, pode levar-nos à reflexão, a qual poderá atenuar as dificuldades e, em alguns momentos, eliminá-las desde o início até o fim do processo decisório. Conduzindo-nos assim, reduzimos a possibilidade de falhas e fracasso nas tomadas de decisão.

Motta (2004) chama a atenção para a necessidade de métodos de decisão gerencial dentro de uma realidade empresarial conturbada, com práticas não contínuas e fragmentadas. Atender à necessidade atual de uma prática integrada, que busque facilitar o desempenho gerencial unindo as partes em um todo, é a grande tarefa a ser realizada.

Sintetizando, as palavras "racional" e "racionalidade" apresentam tantas distorções pela carga de juízos que produzem nas comunicações do dia a dia que, do ponto de vista metodológico, são fracas de significado, exigindo do decisor a adoção de um modelo da teoria da decisão para guiá-lo em seus posicionamentos.

As contribuições de Quinn (apud Motta, 2004) apontam a direção mais moderna para se pensar em gerenciamento da organização. Essa nova visão empresarial exige um líder capaz de perceber as divergências de pensamento que geram ações conflitivas e contraditórias, naturais da empresa contemporânea. Para ele, um líder capaz é aquele que consegue lidar com diferentes ideias e interage com o grupo tentando superar as divergências existentes dentro deste.

Finalizando, no entender de Cunha (2010b), a racionalidade está relacionada com todos os elementos que se traduzem em uma deliberação reflexiva, levando-se em consideração aspectos individuais conscientes (crenças, valores pessoais) ou inconscientes (sensações, desejos).

E para você, leitor, até que ponto as paixões podem influenciar na tomada de decisão de um gestor?

O grupo em busca de autonomia

A conquista da independência de um grupo é um processo gradativo e indica um percurso de menos liberdade até as condutas de autogestão de uma equipe. Isso significa dizer que, ao longo desse caminho, a equipe ganha confiança e, consequentemente, autonomia. Nesse processo, ela se estende de equipes de sugestão a equipes autogerenciadas, que são apresentadas por Moscovici (2007), conforme se segue:

- *equipes de sugestões* – são emergenciais e atendem a situações específicas; têm pouca autonomia, não tomam nem implementam decisões, até porque o poder está estabelecido e ainda vigora. Contudo, são importantes para dar sugestões e apresentar ideias para a melhoria da produtividade;

- *equipes de resolução de problemas* – são pessoas de áreas distintas que possuem enfoques diferentes para observar fatos com o objetivo de trazer soluções possíveis a determinadas situações. São compostas por um líder de equipe ou coordenador e um número reduzido de componentes, para não dificultar a tomada de decisões consensuais. São, muitas vezes, denominadas equipe de qualidade, equipe de força-tarefa e equipe de criatividade;
- *equipes semiautônomas* – mesmo lideradas pelo gestor, têm autonomia para planejar, organizar e controlar seu trabalho diariamente;
- *equipes autogerenciadas* – são responsáveis pelo seu próprio trabalho, fixando objetivos de acordo com objetivos da organização. Essas equipes criam e definem estratégias para a resolução dos problemas e, dentro dos limites de sua autoridade, tomam decisões operacionais diárias, esquematizando e contratando pessoas para integrá-las.

O progresso para esse caminho de autonomia exige do participante esforço, persistência, resiliência, conduta motivada e autoconfiança – comportamento que resulta em certas compensações. Nesse caminho, o participante se sente reconhecido, valorizado, prestigiado, porque percebe que tem credibilidade junto ao gestor e à organização.

Todavia, se não for reconhecido pela organização e seus representantes, se não alcançar autonomia compatível com sua competência, certamente terá uma diminuição de produtividade e de criatividade, gerando, dessa forma, resistências ao trabalho e às relações inerentes a esse trabalho.

Para você, leitor, a autonomia de um grupo está ligada ao nível de maturidade da relação entre seus participantes?

O grupo enfrentando as resistências

Acreditar, compreender e adotar o trabalho em equipe parece ser difícil, principalmente, quando o grupo está passando por dificuldades de relacionamentos. Contudo, quando o grupo trabalha de forma cooperativa, criativa e inovadora, os gestores que preferem "o modo como sempre fizemos" resistem às mudanças, considerando-as como afrontamento à sua forma de pensar e agir em relação ao trabalho em grupo. Segundo Motta (2000), no processo de inovação a resistência é um fator natural, que não surge como uma condição perturbadora da ordem, e sim como uma manifestação das contradições inerentes ao novo sistema. A resistência deve ser observada na gestão como aspecto próprio do processo, que, portanto, não deve prever ações repressivas ou controladoras.

Dessa forma, o gestor deve ter consciência de que as possíveis resistências às mudanças de procedimentos e enfoques precisam ser discutidas com os participantes já no início do trabalho com o grupo. Esse entendimento faz parte do processo de mudança psicossocial e precisa ser reconhecido como algo bom que irá contribuir para o amadurecimento da equipe.

A resistência pode ser uma resposta significativa aos conflitos; também pode ser um sinal importante das formas de pensar e agir das pessoas no grupo. Dessa forma, a resistência se configura como uma variável considerável para que as ações sejam planejadas e implementadas no programa de desenvolvimento de equipe. Assim, a resistência deve ser vista como uma força positiva, e não como um comportamento a ser combatido com posturas autoritárias, do tipo: "Daqui pra frente é isso que está vigorando!", "Cumpram-se as normas!". Essas condutas servem para reforçar mais as resistências.

Na sequência, Motta (2000) ressalta que o gestor precisa estar atento às resistências que surgem desde a apresentação do projeto inicial até a fase final de sua implantação. O líder atento consegue prever não somente as facilidades, mas também os obstáculos que surgirão nos caminhos da implementação das novas ideias. Aconselha o autor que, quando as resistências surgem, a melhor coisa a fazer é buscar imediatamente solução para o caso; jamais acreditar que as resistências desaparecerão sem nenhuma intervenção dos condutores da mudança.

A força do poder legítimo, quando impositivo dentro da organização, tem vida curta, pois os participantes muito em breve tenderão a boicotar as decisões implementadas à revelia. Davis e Newstrom (apud Macêdo et al., 2009) esclarecem que quanto mais o colaborador participa dos processos e dos procedimentos da estrutura organizacional, mais comprometido ele se torna dentro da organização.

Para ilustrar, podemos verificar o exemplo de uma rede de farmácias em que a direção resolveu mudar sua tática e solicitou que seus colaboradores apresentassem suas metas para o próximo semestre. Os diretores adicionaram às metas apresentadas um percentual e, assim, aumentaram o desafio. Pois não é que toda a equipe atingiu as metas que havia proposto e também as metas desafiadoras? De verdade, eles estavam altamente incentivados, tendo em vista que a proposta havia sido elaborada por eles. Como não cumprir?

Em alguns momentos, é importante fazer com que a equipe reflita a respeito de fatos, buscando soluções simples e acessíveis para a resolução de grandes conflitos. Sabe-se que as formas habituais de contribuir para que uma equipe saia de grandes impasses por meio da substituição dos colaboradores e/ou do gestor nem sempre apresentam os resultados esperados.

Observa-se, em diversas situações, uma eficácia muito maior quando os próprios membros com seu gestor debruçam-se sobre os elementos que de fato podem estar prejudicando a equipe – por exemplo, a forma de abordagem e divisão de tarefas, a clareza dos objetivos da equipe e a definição das metas – e procuram, juntos, resolvê-los.

Motta (2000) defende que para o alcance de ganhos coletivos é preciso minimizar as resistências às inovações, buscando alianças e parcerias dentro desse processo de inovar. A oposição deve ser tratada como fator de estímulo a ser trabalhado para a construção de convergências.

Os comportamentos de resistência são naturais, porém devem ser tratados com sua devida importância. Sendo assim, como você, leitor, os trataria?

O grupo: lealdade e confiança

De fato, sejam elas técnicas ou administrativas, as mudanças têm uma importância profunda e se relacionam intimamente com os processos social e cultural que abrangem todo um sistema de valores estabelecidos, muito mais relevantes para os colaboradores do que uma nova proposta de reestruturação ou de melhorias.

Se ocorrer ato de desapreço e falta de respeito à cultura organizacional vigente, certamente surgirão, na mesma proporção, reações negativas em relação às inovações. Seria muito ingênuo esperar uma aprovação automática dos integrantes da instituição às novas propostas.

Continuando com as discussões, Motta (2000) afirma que o líder deve reconhecer que, para alterar a estrutura de uma organização, será preciso, muitas vezes, modificar as bases, e esse rompimento de relações e padrões já estabelecidos gera situações conflituosas. As mudanças não acontecem de um dia para o outro. Por serem um processo, exigem paciência, pois as pessoas precisam de tempo para compreender, adquirir e praticar novas habilidades, bem como para se adaptarem às novas condições de trabalho. Por isso o líder precisa considerar um período para que a transição possa acontecer, antes de implantar modificações na organização.

Nesses momentos de mudança, relacionar uma série de comportamentos com o propósito de descrever a função do gestor como aquele capaz de conduzir o grupo tem sido uma tarefa um tanto instigante. Entretanto Motta (2000), de forma cautelosa, procurando não desrespeitar o estilo com que cada gestor administra seu grupo, apresenta as seguintes orientações:

1. *Procure singularizar a organização; não receie detalhes* – Para Motta (2000), dentro dos grupos existe uma forma de sistema preestabelecido associado a marcos, rituais e expressões culturais manifestados em procedimentos da organização. Portanto, é importante reconhecer que os grupos se constituem por pessoas com culturas diferenciadas e tentam preservá-las na nova estrutura organizacional. O reconhecimento dessas características diferenciadoras exige um gestor observador e atento a tais manifestações e revelações que surgem atreladas aos métodos e processos da instituição. Há que se considerar que em uma organização, embora as dimensões técnicas se encontrem preparadas para encarar as diferenças culturais que permeiam o grupo, nem sempre isso é o suficiente. É importante que, em um processo de transformação, o gestor observe que o grupo revela e impõe as condições favoráveis e ou desfavoráveis à mudança.
2. *Atualize continuamente os objetivos, os métodos e as expectativas individuais* – Em uma organização, o êxito da transformação depende do processo de sua construção, das interações, adaptações, apropriações e desapropriações sofridas ao longo do processo de sua implantação, exercício e acompanhamento. Os membros da organização ligados a pequenos grupos dos quais são partidários leais expressam, em sua conformação, as representações que ali se sucedem ou sucederam. O gestor,

ao considerar as características próprias de cada grupo e o fato de que a vida organizacional impõe às pessoas certos limites e atitudes e estabelece regras que devem ser assumidas pelo grupo, passa a contribuir para o sucesso e aumento da expectativa de vida da equipe.

3. *Transfira poder e iniciativa: incentive e recompense desafios ao status quo* – As pessoas, quando começam a fazer parte de um grupo, se apresentam cheias de perspectivas, participam nas tomadas de decisões, planejam, apresentam ideias inovadoras, contribuem e retribuem favores, aprendem, progridem e fazem o grupo progredir constantemente; influenciam os destinos da organização com o intuito de tornar a empresa reconhecida socialmente como a que melhor apresenta resultados. Ao mesmo tempo, esperam do gestor e de todos da equipe o reconhecimento pelos seus esforços e pelo desempenho de suas atribuições no grupo, além de autonomia na execução de tarefas.
4. *Adote a perspectiva globalista: reeduque todos e você mesmo em relação à globalidade dos processos e problemas* – Como em todas as sociedades, em uma organização só ocorrem mudanças quando todos se unem em prol de alguma coisa, seja no âmbito do sistema produtivo ou no inter-relacional. As resistências que permeiam a equipe, contrárias às inovações, são resultados do percurso e podem ser previstas no início do processo, mas desconsideradas por seus membros por se sentirem autossuficientes, não aceitando que a equipe pode ter seus altos e baixos e precisa de incentivo para sua renovação.
5. *Procure flexibilidade: reconcilie variedade e contradições* – As contradições e as ambiguidades rodeiam as sociedades. Dessa afirmativa, infere-se ser importante pensar em mudanças, convivendo de forma satisfatória com as diversidades presentes em todas as áreas. Nessa perspectiva, o gestor que prima

por transformações na empresa é aquele que vai em busca de compreensão dos fatores intrínsecos à equipe que lidera, avalia o processo organizacional e tem convicção de que todo processo é vulnerável à dessemelhança, à diversidade e à inovação.

6. *Favoreça formas participativas e comunicações autênticas* – Quando os membros do grupo se envolvem e se comprometem com o desenvolvimento da empresa, estão favoráveis às mudanças e aceitam-nas mais facilmente. Portanto, abrir para que o colaborador participe e interaja de forma democrática no desenvolvimento das ideias e nos planejamentos objetivando mudanças para melhoria da organização tornando os participantes menos resistentes, mais acessíveis, participativos e cooperativos no processo de mudança. O repasse de informações importantes e atualizadas é sempre muito bem-vindo aos membros da equipe. Pessoas bem informadas produzem e ou executam suas tarefas com mais eficácia e segurança. Um bom processo de comunicação é aquele que procura transmitir autenticidade e veracidade dos fatos, sabe ouvir e respeita o posicionamento dos outros em relação às boas e às más notícias; enfim, propicia a confiabilidade entre os membros. Discutir os problemas enfrentados pela organização de forma excessivamente prudente e reservada, com o objetivo de proteger o processo de mudança, é o mesmo que incitar a desconfiança entre membros e privá-los da colaboração na resolução do problema.
7. *Trate com equidade direitos e prestígios individuais* – Em um processo de mudanças na organização, é inviável a não alteração na repartição do poder, porém é muito importante o esclarecimento das possíveis consequências em detrimento das mudanças. Sabedoria é a palavra de ordem para o gestor, tanto no momento da exposição dos problemas quanto nas tomadas de decisão, evitando assim levantar julgamentos

acerca dos membros que fizeram parte da gestão anterior. Quanto à redistribuição de tarefas, faz-se mister comunicar a todos, principalmente os que foram diretamente afetados pela modificação, os motivos das mudanças de salário, carga horária e benefícios a partir daquele momento. Em fase de transformações, as resistências diminuem quando os objetivos e os métodos são expostos com lucidez, seriedade e autenticidade.

8. *Considere problemas pendentes* – Muitas vezes, a mudança torna-se desacreditada ao grupo em virtude dos fracassos e das experiências já vivenciadas pelos membros anteriormente. Considera-se a proposta de mudança como uma oportunidade à instauração de um ambiente propício para rever antigas pendências, reavaliar os recursos e redirecionar tarefas, funções e lideranças. É nessa fase que as interações surgem e abrem-se novas perspectivas de ação. Esse processo contribui para a redução das resistências.

Você concorda, leitor, que, quando se estabelece um alto nível de lealdade e confiança, qualquer adversidade fica mais fácil de ser resolvida?

O grupo e o desenvolvimento de equipe

Segundo Moscovici (2004), entende-se como desenvolvimento de equipe (DE) uma proposta que visa à mudança de conduta das pessoas dentro de um determinado grupo com problemas interpessoais e que objetivam, por meio desse desenvolvimento, esclarecer determinadas situações para produzir mudanças no comportamento. DE é uma interferência no contexto psicológico e social de uma organização. Exige-se do coordenador conhecimento sobre processo de grupo, sociometria – medidas de relacionamento dentro dos grupos –, sensibilidade para escutar, perceber e entender a história do grupo, incluindo os relatos dos participantes e de sua respectiva liderança. No planejamento e execução do DE, será necessária a utilização de práticas respaldadas em propostas teóricas pertinentes a essas situações, tais como teoria de dinâmica de grupo, do psicodrama e técnicas advindas da neurolinguística, entre outras.

Para a autora, o objetivo do DE é a melhoria dos relacionamentos interpessoais, com a finalidade de restabelecer um clima favorável às futuras tarefas que necessitam ser realizadas em conjunto. Como resultado final dessa intervenção, busca-se a solução dos conflitos interpessoais que impossibilitam trabalhos cooperativos e o estabelecimento de um clima regenerador para futuras situações de desgaste provenientes das diferenças individuais existentes em qualquer grupo.

Moscovici (2004) enfatiza que o grupo se transforma em equipe quando se fortalece por meio de um processo constante de introspecção/reflexão das condições em que se encontram os membros. Assim, as habilidades serão dirigidas para a resolução de problemas.

Durante o processo do DE, espera-se que ocorram mudanças significativas no contexto comportamental e interpessoal dos participantes do grupo que está vivenciando esse processo. Trata-se, portanto, de uma intervenção que necessita de acompanhamento e que exigirá do profissional responsável disponibilidade para tal compromisso. DE implica diagnóstico, planejamento, execução e acompanhamento, o que não se traduz em uma única ação.

O processo de DE pode ser iniciado por uma palestra ou seminário a respeito da proposta que será vivenciada pela equipe. Contudo, isso não caracteriza o desenvolvimento da proposta, que possui um caráter específico à situação a ser trabalhada. Essa situação é que trará subsídios para a estruturação do programa de DE, sempre elaborado de forma customizada, levando-se em consideração os objetivos, as necessidades, as características, o conhecimento da cultura e da história do grupo e da organização.

Sendo assim, podemos ver que, para Moscovici (2004), o processo de DE se estabelece por meio de mudanças intrínsecas no âmbito pessoal e interpessoal. Entende-se que essas mudanças só acontecem ao longo do tempo; assim, não se deve caracterizar o DE como processo que produz resultados imediatos.

Em programas de DE, exige-se muita atenção e percepção dos eventos que deram origem às dificuldades de relação. Por exemplo, um departamento financeiro que vive uma mudança de gestão. O gerente é transferido e o novo assume suas funções com propostas muito diferentes da gestão anterior, que era mais humanista. O atual apresenta uma linha de gestão focada em resultados e implementa, de forma radical, uma nova política interna de rotatividade de funções entre seus colaboradores, objetivando unificar o entendimento dos processos existentes. Esta mudança provoca resistências enormes e conflitos intensos. Colaboradores que anteriormente se entendiam muito bem hoje divergem a respeito de procedimentos rotineiros. Uma animosidade surge nas relações interpessoais. Além disso, há uma queda de produtividade significativa.

No exemplo apresentado, todas as questões que geraram a queda de desempenho e insatisfação precisam ser diagnosticadas e levadas em consideração no planejamento do DE. Esse tipo de programa tem como objetivo equipes mais eficazes para a organização. Para tanto, a compreensão das questões que envolvem as transformações da equipe é imprescindível.

O programa de DE tem propostas diversas para os distintos grupos, por exemplo, aqueles que querem melhorar a produtividade e aperfeiçoar seu funcionamento; criar uma nova unidade grupal; formar comitê ou grupo-tarefa; reorganizar grupo para atender a demandas emergenciais; revitalizar, dinamizar e energizar um grupo apático; pacificar um grupo conflituoso, entre outros.

Além de tudo isso, a metodologia de DE é adequada ao trabalho em situações de conflitos intergrupais, muito frequentes em qualquer organização. O desafio está em estabelecer a integração entre os diversos departamentos, atentando para as diferenças de funções e privilegiando os esforços, a sinergia e a aptidão para a produtividade da empresa.

No DE percebe-se, muitas vezes, que alguns membros possuem cargos equivalentes e, quando o trabalho é desigual entre eles, surge uma situação geradora de conflitos. Os objetivos das tarefas podem ser prefixados para uma equipe, porém as decisões sobre os procedimentos e as abordagens de trabalho devem ser acordadas com os integrantes.

Se os participantes do DE vão aos encontros por livre e espontânea vontade, isso significa que estão aderindo à formação de uma equipe. Essa atitude pode ser considerada um fator importantíssimo ao desenvolvimento do trabalho em equipe, uma vez que tal processo implica rever posturas, resolver conflitos, o que irá exigir do participante disponibilidade interna para que o trabalho aconteça e evolua de forma satisfatória. No DE, podem surgir situações emocionais que precisam estar respaldadas no desejo dos participantes, haja vista que é um desenvolvimento longo e complexo, que pode até trazer lembranças indesejáveis de antigos relacionamentos.

Observe o exemplo em que, na fase de diagnóstico de um DE em uma instituição pública, uma das funcionárias do departamento X se recusou terminantemente a participar do processo, expressando mágoas com relação às condutas de sua gerente. Nesse caso, a funcionária foi transferida para outro setor e não participou da implementação do programa.

Aqui foi possível resolver o problema de uma forma viável e favorável para as partes envolvidas.

No decorrer do DE, muitas vezes há necessidade de se reestruturar todo o programa em função de uma falha na implantação ou de outros problemas que vão surgindo durante o desenrolar do processo.

A liderança de equipe é melhor exercida por pessoas que aceitam dividir com outras as responsabilidades, dando-lhes poder para a execução das diversas atividades sob sua orientação.

Todas as equipes se defrontam com problemas, dificuldades e até mesmo situações desencorajadoras. Entretanto, uma equipe forte, madura, eficaz e motivada torna-se capaz de enfrentar situações de conflitos e desafios.

Em eventuais dificuldades ou fracassos, um líder encorajador e otimista pode incentivar sua equipe a enfrentar as sensações de frustração e impotência frente aos obstáculos. Com essa orientação possibilitará a restauração da autoestima dos participantes. Como exemplo, podemos citar líderes que estimulam suas equipes por meio de apresentações de vídeos com exemplos de superação ou, ainda, convidam palestrantes com histórias de sucesso para incentivar sua equipe.

De que forma, leitor, você agiria com sua equipe diante de dificuldades no âmbito organizacional?

Exercitando conceitos

Para você, leitor, preparamos algumas questões que devem ser objeto de reflexão:

1. Como você explica a formação de um grupo e sua transformação em equipe?
2. Estabeleça um paralelo entre a leitura da proposta de Katzenbach e Smith e a de Carvalhal e Ferreira.
3. Para seu cotidiano profissional, qual a aplicabilidade das armadilhas psicológicas?
4. O ser humano é ou não é um ser racional?

Conclusão

A sobrevivência e o sucesso das organizações dependem da satisfação das demandas de suas partes interessadas. Para isso, máquinas, tecnologias, instalações e dinheiro são insumos importantes, mas não há resultados sem pessoas. As organizações eficazes são movidas por gente competente, comprometida e emocionalmente equilibrada. Entretanto, a força de trabalho só desenvolve esse perfil em função de políticas e práticas de gestão de pessoas de alta qualidade.

O alcance desse estágio de amadurecimento organizacional exige que se coloque a comunicação como elemento estrutural de partida. É ela a metacompetência que antecede ações e serve de esteio para suscitar a motivação, o exercício da liderança e fazer com que grupos trabalhem como equipes.

De outra reflexão concluímos que a prática da comunicação assertiva reduz a agressividade e a passividade, características da relação de poder autoritária, assim abrindo espaço para a construção de relacionamentos hierárquicos humanizados, nos quais ocupam lugar de destaque o aprendizado, a autonomia e a carreira profissional integrada com o futuro da empresa. Nesse sentido, o feedback de desempenho é a ferramenta mais usada pelos líderes para orientar o desenvolvimento de liderados.

O objetivo de reter profissionais de alto desempenho torna a motivação tão necessária quanto o ar que respiramos. Então é vital, para que ela esteja presente em intensidade suficiente, que o dirigente seja um gestor líder, promovendo a autonomia, oferecendo e buscando feedback continuamente, estruturando tarefas para o exercício de múltiplas habilidades e aprendendo a lidar com emoções de modo construtivo.

Para esse novo tempo, o gestor líder, ou simplesmente líder, não é o solitário tomador de decisões, planando acima de pessoas dependentes de seus comandos. A complexidade das atuais atividades requer habilidades para formar sucessores, para liderar, sendo, ao mesmo tempo, parte da equipe e ainda assim mantendo o respeito de todos. Essa estrada será pavimentada pela mestria em integrar e educar pessoas, por meio de parcerias e da capacidade de aprender com desafios.

A criação de grupos e a transformação deles em equipes exigem dos líderes a compreensão de fenômenos característicos da dinâmica grupal e as competências para levar grupos até o degrau das equipes de alto desempenho, caracterizadas pela avidez em superar-se.

Por fim, as organizações estão se reinventado para atender às exigências da concorrência, de clientes, de empregados e da sociedade, entre outras. É nesse cenário que encontramos o comprometimento dos empregados como importante diferencial estratégico das organizações. Daí a exigência de ser a gestão realizada com as pessoas e para as pessoas.

Referências

ABURDENE, Patricia. *Megatrends 2010*: o poder do capitalismo responsável. Rio de Janeiro: Elsevier, 2006.

ARAUJO, Ane. *Coach:* um parceiro para o seu sucesso. 10. ed. São Paulo: Gente, 2006.

ARGYRIS, Chris et al. *Comunicação eficaz na empresa*: como melhorar o fluxo de informações para tomar decisões corretas. 5. ed. Rio de Janeiro: Campus, 1999.

BARKER, Alan. *Técnicas de comunicação*. 3. ed. São Paulo: Clio, 2007.

BARNARD, Chester. *As funções do executivo*. São Paulo: Atlas, 1979.

BARTLETT, Christopher et al. *Modernas práticas na gestão de pessoas*. Rio de Janeiro: Elsevier, 2008.

BARTOLOMÉ, F. Prefácio. In: ARGYRIS, Chris et al. *Comunicação eficaz na empresa*: como melhorar o fluxo de informações para tomar decisões corretas. 5. ed. Rio de Janeiro: Campus, 1999.

BASS, B. M. *Leadership and Performance Beyond Expectations*. Nova York: The Free Press, 1985.

BATEMAN, Thomas S.; SNELL, Scott A. *Administração*: construindo vantagem competitiva. São Paulo: Atlas, 1998.

BENNIS, Warren. *A invenção de uma vida*: reflexões sobre liderança e mudança. Rio de Janeiro: Campus, 1999.

BERGAMINI, Cecília Whitaker. *Motivação nas organizações*. 5. ed. São Paulo: Atlas, 2008.

BERNHOEFT, Rosa Elvira A. *Mentoring*: abrindo horizontes, superando limites, construindo caminhos. São Paulo: Gente, 2001.

BISHOP, Sue. *Desenvolva sua assertividade*. São Paulo: Clio, 2008.

BLAKE, Robert R.; MOUTON, Jane S. *A estruturação de uma empresa dinâmica através do desenvolvimento organizacional do tipo grid*. São Paulo: Edgard Blucher, 1976.

BLANCHARD, Ken; CARLOS, John P.; RANDOLPH, Alan. *As três chaves do* empowerment. Rio de Janeiro: Record, 2001.

BONATTI, Patricia. *Los sesgos y trampas en la toma de decisiones*. Buenos Aires: UBA/Facultad de Ciencias Económicas, 2007. Disponível em: <http://forumdocumentos.blogspot.com/2010_10_01_archive.html>. Acesso em: 28 fev. 2012.

BOWDITCH, James L.; BUONO, Anthony F. *Fundamentos de comportamento organizacional*. 6. ed. Rio de Janeiro: LTC, 2006.

BRUM, Analisa. *Endomarketing como estratégia de gestão*. Porto Alegre: L&PM, 1999.

CAHEN, Roger. *Tudo que seus gurus não lhe contaram sobre comunicação empresarial*. São Paulo: Best Seller, 1990.

CARVALHAL, Eugenio; FERREIRA, Geraldo. *Ciclo de vida das organizações*. 4. ed. Rio de Janeiro: FGV, 2000.

CARVALHO, Antonio V.; SERAFIM, Oziléa. *Administração de recursos humanos*. São Paulo: Thomson Pioneira, 2004.

CHANLAT, Jean François. *O indivíduo na organização*: dimensões esquecidas. São Paulo: Atlas, 1996. v. 3.

CHARAN, Ram. *Know-how*: as oito competências que separam os que fazem dos que não fazem. Rio de Janeiro: Elsevier, 2007.

_______. *O líder criador de líderes*: a gestão de talentos para garantir o futuro e a sucessão. 2. ed. Rio de Janeiro: Elsevier, 2008.

CLUTTERBUCK, David. *Coaching eficaz*: como orientar sua equipe para potencializar resultados. São Paulo: Gente, 2008.

COHEN, Allan R.; FINK, Stephen L. *Comportamento organizacional*: conceitos e estudo de casos. 7. ed. Rio de Janeiro: Campus, 2003.

COLLINS, Jim. *Empresas feitas para vencer*. Rio de Janeiro: Elsevier, 2006.

COSTA, Daniel. *Endomarketing inteligente*: a empresa pensada de dentro para fora. Porto Alegre: Dublinense, 2010.

CUNHA, Miguel P. et al. *Manual de comportamento organizacional e gestão*. 6. ed. Lisboa: RH, 2007.

CUNHA, Neisa Maria M. Reflexão sobre o tema: Funcionamento e desenvolvimento do grupo na formação de educadores. In: CONGRESSO INTERNACIONAL DE EDUCAÇÃO DE PONTA GROSSA (CIEPG), 2., 27-29 maio 2010, Ponta Grossa, PR. *Anais*... Ponta Grossa, PR, 2010a.

______. *Realidad y racionalidad en la tomada de decisión*. In: CONGRESSO INTERNACIONAL DE ADMINISTRAÇÃO, 20-24 set. 2010, Ponta Grossa, PR. *Anais*... Ponta Grossa, PR, 2010b.

DAVEL, Eduardo; VERGARA, Sylvia. *Gestão de pessoas e subjetividade*. 4. ed. São Paulo: Atlas, 2010.

DEJOURS, Christophe. Uma nova visão do sofrimento humano nas organizações. In: CHANLAT, Jean-François. *O indivíduo na organização*. São Paulo: Atlas, 1996. v. 1.

DESCALS, Francisco José P. (org.). *Psicología de la organización*. Madri: Pearson, 2005.

DRUCKER, Peter. *Desafios gerenciais para o século XXI*. São Paulo: Pioneira, 2000.

FERREIRA, Denize. *Teoria contingencial de liderança de Fiedler*: um estudo experimental em uma população do setor brasileiro. Dissertação (Mestrado) – Universidade Federal do Rio de Janeiro/Coppe, Rio de Janeiro, 1983.

FIEDLER, Fred E. *A Theory of Leadership Effectiveness*. Nova York: McGraw-Hill, 1967.

FRANÇA, Fabio; LEITE, Gutemberg. *A comunicação como estratégia de recursos humanos*. Rio de Janeiro: Qualitymark, 2007.

FRIED, Y.; FERRIS G. R. The Validity of the Job Characteristics Model: a Review and Meta-analysis. *Personnel Ppsychology*, v. 40, n. 2, p. 287-322, 1987.

GIL, Antonio Carlos. *Gestão de pessoas*. São Paulo: Atlas, 2001.

GOLDSMITH, Marshall; LYONS, Laurence; FREAS, Alyssa. *Coaching*: o exercício da liderança. Rio de Janeiro: Elsevier, 2003.

GOLEMAN, Daniel. O que faz um líder? In: HARVARD BUSINESS REVIEW (org.). *Liderança*: os melhores artigos da *Harvard Business Review*. Rio de Janeiro: Elsevier, 2006.

HACKMAN, J. R.; OLDHAM, G. R. Motivation through the Design of Work: Test of Theory. *Organization Behavior and Human Performance*, n. 16, p. 250-279, 1976.

______; ______. *Work Redesign*. Upper Saddle River, NJ: Pearson Education, 1980. p. 79-80.

HAMEL, Gary; BREEN, Bill. *O futuro da administração*. Rio de Janeiro: Campos, 2007.

HAMMOND, John S.; KEENEY, Ralph, L.; RAIFFA, Howard. Las trampas ocultas en la toma de decisiones. *Harvard Business Review*, v. 84, n. 1, ene. 2006.

HARGROVE, R. *Masterful coaching*. San Francisco: Jossey-Bass Pfeiffer, 1995.

HERSEY, Paul; BLANCHARD, Kenneth H. *Psicologia para administradores de empresas*. Rio de Janeiro: FNME/MEC, 1974.

KATZENBACH, Jon R. *Orgulho*: o poder da maior força de motivação do mundo. Rio de Janeiro: Elsevier, 2003.

______; SMITH, Douglas K. *Equipes de alta performance*: the discipline of teams – conceitos, princípios e técnicas para potencializar o desempenho de equipes. Rio de Janeiro: Elsevier, 2001.

KETS DE VRIES, Manfred F. R. A inveja: grande esquecida dos fatores de motivação em gestão. In: CHANLAT, Jean-François (org.). *O indivíduo e a organização*. 3. ed. São Paulo: Atlas, 1996. p. 67-82.

______. *Reflexões sobre caráter e liderança*. Porto Alegre: Bookman, 2010.

KINICKI, Angelo; KREITNER, Robert. *Comportamento organizacional*. 2. ed. São Paulo: McGraw-Hill, 2006.

KOHN, Alfie. *Punidos pelas recompensas*: os problemas causados por prêmios de produtividade. São Paulo: Atlas, 1998.

KOTTER, John P. *Liderando mudança*. 20. ed. Rio de Janeiro: Elsevier, 1997.

KOUZES, James M.; POSNER, Barry Z. *O desafio da liderança*. 3. ed. Rio de Janeiro: Elsevier, 2003.

________; ______. *O coração da liderança*: os sete passos para estimular pessoas a aumentar resultados. São Paulo: Gente, 2011.

KRACKHARDT, D.; HANSON, R. Informal Networks: The Company Behind the Chart. *Harvard Business Review*, n. 7, p. 104-101. 1993.

KRAUSZ, Rosa R. *Coaching executivo*: a conquista da liderança. São Paulo: Nobel, 2007.

KRUMM, Diane. *Psicologia do trabalho*: uma introdução à psicologia industrial e organizacional. Rio de Janeiro, LTC, 2005.

LACOMBE, Francisco. *Recursos humanos*: princípios e tendências. São Paulo: Saraiva, 2009.

LENHARD, Rudolf. *Sociologia educacional*. 7. ed. São Paulo: Pioneira, 1985.

LUFT, Joseph. *Introdução à dinâmica de grupos*. Lisboa: Moraes Editores, 1970.

MACÊDO, Ivanildo et al. *Aspectos comportamentais da gestão de pessoas*. 9. ed. Rio de Janeiro: FGV, 2007.

MAGEE, John F.; MENDES, Katheleen; PAVESI, Pedro. *Consideraciones acerca de la teoría del decididor*: lecturas de teoría de la decisión I. Buenos Aires: Ediciones Nueva Técnica SRL, 2001.

MAXWELL, John C. *O líder 360º*: como desenvolver seu poder de influência a partir de qualquer ponto da estrutura corporativa. Rio de Janeiro: Thomas Nelson Brasil, 2007.

MAYERS, Bronston T.; ALLEN, Robert W. Toward a Definition of Organizational Politics. *The Academy of Management Review*, v. 2, n. 4, p. 672-678, Oct. 1977.

MICHAELS, Ed; HANDFIELD-JONES, Helen; AXELROD, Beth. *A guerra pelo talento*: o talento como diferencial estratégico entre as empresas. Rio de Janeiro: Campus, 2002.

MITCHELL Terence R. Motivation: New Directions for Theory, Research, and pratice. *Academy of Management Review*, v. 7, n. 1, Jan. 1982.

MORGAN, Gareth. *Imagens da organização*. 2. ed. São Paulo: Atlas, 2002.

MOSCOVICI, Fela. *Equipes dão certo*: multiplicação do talento humano. 9. ed. Rio de Janeiro: José Olympio, 2007.

______. *Desenvolvimento interpessoal*: treinamento em grupo. 19. ed. Rio de Janeiro: José Olympio, 2010.

MOTTA, Paulo Roberto. *Transformação organizacional*: a teoria e a prática de inovar. Rio de Janeiro: Qualitymark, 2000.

______. *Gestão contemporânea*: a ciência e a arte de ser dirigente. Rio de Janeiro: Record, 2004.

NEVES, Roberto. *Imagem empresarial*. Rio de Janeiro: Mauad, 2002.

NOGUEIRA, Roberto Martinez. El destronamiento de la razón. *Oikos: revista de la Facultad de Ciencias Económicas de la UBA*, 1995.

PAVESI, Pedro F. J. *Teoría e investigación en administración*: homenaje al profesor dr. Pedro F. J. Pavesi. Buenos Aires: Ediciones Macchi, 2003.

REIS, Ana Maria Viegas et al. *Desenvolvimento de equipes*. 2. ed. Rio de Janeiro: FGV, 2008.

ROBBINS, Stephen. *Fundamentos do comportamento organizacional*. 8. ed. São Paulo: Pearson Prentice Hall, 2009.

______; JUDGE, Timothy; SOBRAL, Felipe. *Comportamento organizacional*: teorias e práticas no contexto brasileiro. 14. ed. São Paulo: Pearson Prentice Hall, 2010.

SALANCIK, G. R.; PFEFFER. A Social Information Processing Approach to Job Attitudes and Task Design. *Administrative Science Quartely*, n. 23, p. 224-253, 1978.

SÁNCHEZ, José Carlos; DEL AMO, Esteban Alonso. Liderazgo en las organizaciones. In: DESCALS, Francisco José P. (org.). Psicología de la organización. Madri: Pearson, 2005. cap. VIII.

SCHEIN, Edgard. *Organizational Culture and Leadership*. São Francisco: Jossey-Bass, 2004.

SCHERMERHORN JR., John; HUNT, James; OSBORN, Richard N. *Fundamentos de comportamento organizacional*. 2. ed. Porto Alegre: Bookman, 1999.

SCHUTZ, Will. *Profunda simplicidade*: uma nova consciência do eu interior. Tradução de Maria Sílvia Mourão Netto. São Paulo: Ágora, 1989.

______, Will. *The Human Element*: Productivity, Self-esteem and the Bottom Line. São Francisco: Jossey-Bass, 1994.

SENGE, Peter M. *A quinta disciplina*. São Paulo: Best Seller, 2004.

SHERMAN, Stratford; KATZENBACH, Jon R. Wanted: Company Change Agents. *Fortune*, v. 132, n. 12, p. 101-102, Dec. 1995.

SHOECK, H. *Envy*: A Theory of Social Behavior. Nova York: Harcourt, Brace and Word, 1969.

SMITH, Manuel J. *Quando digo não, me sinto culpado*: como aumentar sua capacidade de afirmação. Rio de Janeiro: Record, 2002.

SPECTOR, Paul E. *Psicologia nas organizações*. 3. ed. São Paulo: Saraiva, 2010.

TANNENBAUM, R.; SCHMIDT, W. H. Como escolher um padrão de liderança. *Biblioteca Harvard de Administração de Empresas*, v. 1, n. 20, 1975.

TEIXEIRA, Leonardo. *Comunicação na empresa*. Rio de Janeiro: FGV, 2007.

THOMAS, Kenneth W. *A verdadeira motivação*: descubra os 4 elementos capazes de fortalecer o envolvimento de seus funcionários para sempre. Rio de Janeiro: Elsevier, 2010.

VECCHIO, Robert P. *Comportamento organizacional*. São Paulo: Cengage Learning, 2008.

VERGARA, Sylvia C. *Gestão de pessoas*. 8. ed. São Paulo: Atlas, 2009.

VIANA, Marco Aurélio F. *O líder cidadão e a nova lógica do lucro*. Rio de Janeiro: Qualitymark, 2003.

WAGNER III, John A.; HOLLENBECK, John R. *Comportamento organizacional*: criando vantagem competitiva. 2. ed. São Paulo: Saraiva, 2009.

WEIL, Pierre; TOMPAKOW, Roland. *O corpo fala*: a linguagem silenciosa da comunicação não verbal. 56. ed. Petrópolis: Vozes, 2003.

WHEATLEY, Margaret J. *Liderança e a nova ciência*: descobrindo ordem num mundo caótico. São Paulo: Cultrix, 2006.

WOOD JR., Thomaz. *Executivos neuróticos, empresas nervosas*. São Paulo: Negócio, 2002.

YUKL, Gary. *Leadership in Organizations*. Englewood Cliffs, NJ: Prentice Hall. 1998.

ZARIFIAN, Philippe. Comunicação e subjetividade nas organizações. In: DAVEL, Eduardo; VERGARA, Sylvia. *Gestão de pessoas e subjetividade*. 4. ed. São Paulo: Atlas, 2010.

Os autores

Ivanildo Izaias de Macêdo

Mestre em Administração Pública pela Ebape/FGV, pós-graduado em Educação e Desenvolvimento de Recursos Humanos pela UFRJ e administrador pela UFRN. Ex-gerente de RH do Centro de Pesquisas da Petrobras (Cenpes). Professor convidado do FGV Management. Autor coordenador do livro *Aspectos comportamentais da gestão de pessoas*, da série Gestão Empresarial.

Denize Ferreira Rodrigues

Mestre em Administração pelo Instituto Coppead/UFRJ e graduada em Administração e em Economia pela Unisuam. Sua experiência inclui a docência no ensino superior na UFRRJ e na Uerj, a direção de recursos humanos de universidade privada e projetos de consultoria e de treinamento para diversas organizações. Professora convidada do FGV Management. Autora de artigos técnicos e coautora do livro *Aspectos comportamentais da gestão de pessoas*, da série Gestão Empresarial.

Maria Elizabeth Pupe Johann

Mestre em Administração pelo PPGA/UFRGS, graduada em Administração pela Unisinos. Ex-chefe de departamento e coordenadora de cursos de pós-graduação e extensão da Unisinos. Ex-membro de comissões verificadoras do MEC. Diretora do Centro Interamericano de Capacitação e Desenvolvimento Humano. Coordenadora acadêmica do MBA Gestão de Pessoas com Ênfase em Estratégias, da Fundação Getulio Vargas. Professora convidada do FGV Management.

Neisa Maria Martins da Cunha

Mestre em Psicologia Social e psicóloga pela UGF, terapeuta com formação em Psicodrama pela SPRJ, supervisora e didata em dinâmica de grupo pela Sobrap-RJ. Qualificou-se em Educação para Adultos pela University of Central Florida. Ex-chefe na área de recursos humanos da White Martins e ex-docente das universidades Gama Filho, PUC e UFRJ. Prestou consultoria de treinamento para empresas de médio e grande portes. Professora convidada do FGV Management. Tutora dos Cursos do FGV Online. Coautora do livro *Aspectos comportamentais da gestão de pessoas*, da série Gestão Empresarial.